译文科学

科学有温度

DESMOND MORRIS
INTIMATE BEHAVIOUR

亲密行为

[英] 德斯蒙德 · 莫利斯 著

何道宽 译

上海译文出版社

谢　词

诚然，过去没有专题论述"亲密行为"课题的著作，但是，在相关的课题和该课题的各个方面，大量的论著还是使我获益匪浅。特此深表谢意，使我受益的论著请见书末的参考文献。由于本书针对一般的读者，所以我在正文里没有征引这些文献，但在书末提供了一个逐章列出的"各章文献"（217—220 页）和"主要参考文献"（221—225 页）。

此外，我要感谢我的学界同事。首先要感谢我的朋友们，我从他们那里获益良多，尤其要感谢我的妻子 Ramona、我的出版商 Tom Maschler 和我的助手 Trisha Pike。没有他们的帮助，这本书是不可能写出来的。

序　言

　　亲密的意思就是接近。开宗明义，我所谓的亲密就是这样的字面意思。用我的话来说，每当两人身体接触时就发生了亲密行为。无论身体接触是握手或性交，拍拍背或扇耳光，修指甲或开刀，都在本书所论之列，而本书所论者，就是身体接触的性质。两人肌肤接触时总会有特殊的感觉，我着手研究的就是这种特殊的感觉。

　　我的研究方法是在动物行为学（ethology）领域训练有素的动物学家的研究方法。本书的范围限定在人这种动物，我的任务是观察人们的所作所为，而不是他们说什么，甚至不是观察他们所说的自己在做什么，而是看他们实际上在做什么。

　　方法很简单，我只用眼睛看，不过任务并不像听起来那样轻松。原因是，尽管本人自律，语言总是穿透我的观察之网，先入为主的想法成了绊脚石。观察某一行为时，假设自己是第一次看见，这对成年人来说是很难做到的。然而，如果要获得新的理解，动物行为学家就只能这样做。当然，越是熟悉的、司空见惯的行为，难度就越大；此外，行为越亲密，情感色彩就越强烈，不仅对行为人来说是如此，对观察者来说也是如此。

也许这就是常见的人类亲密行为至关重要、颇为有趣，但这方面的研究成果却很稀少的原因吧。远离人类情感的行为比如大熊猫用嗅味标示领地、长尾刺鼠埋藏食物的行为，要比以科学而客观的态度去研究司空见惯、众所周知的人的行为比如妈妈的亲吻、恋人的拥抱舒服得多。然而，在日益拥挤、人情味日益淡漠的社会环境中，我们必须要重新考虑亲密关系的价值，这个问题的重要性与日俱增。只有这样，我们才能够去面对那个令人愁苦的问题："爱情怎么了?"生物学家对"爱情"一词的使用常常持谨慎的态度，仿佛它所反映的仅仅是文化激发的一种浪漫情调而已。然而，爱情却是一种生物学事实。虽然与爱情相连的主观的、情感上的报偿和痛苦可能会幽深而神秘，而且用科学方法去研究有一定的难度，但爱情的外在迹象即爱的行为是容易观察的。所以没有理由说，爱的行为不能像其他行为一样成为我们观察的对象。

人们有时说，解释爱情就是通过解释使之化为乌有，这种说法完全站不住脚。在一定程度上，这是对爱情的侮辱，因为其言下之意是，爱情就像饱经风霜、涂脂抹粉的面孔，经不起明亮灯光下的细察。个体之间强烈的依恋纽带的形成过程有强烈的情感投入，没有丝毫虚幻之处。在这一点上，我们和数以千计的其他动物在亲子关系、两性关系和密友关系上都有共同之处。

我们的亲密交往中包含言语、视觉甚至嗅觉的因素，但爱首先是触摸和身体的接触。我们经常议论自己的谈话方式，也经常考察自己看问题的方式，但由于某种原因，我们很少论述我们触摸的方式。也许，触摸是基础的基础，我们称之为一切感觉之母，所以我们往往视之为理所当然而不去研究它。遗憾的是，几乎在不知不觉间，我们的触摸越来越少，我们越来越疏远；身体不接触的同时就产生了感情上的疏远。现代都市人仿佛身披情感的盔甲，天鹅绒般的手却戴着铁手套，他们觉得身陷困境，即使最亲近的伴侣也非常疏远。

对于这种情况，我们应该加以审视。不过，在这样做的时候，我将尽量不发表主观意见，仅以动物学家的客观态度观察和描述人类的行为。我相信，事实胜于雄辩，只要有事实，读者自会得出结论。

目　录

第一章

亲密行为的根源

作为成人，你可以用多种方式和我交流。我可以读你写的东西，听你说的话，听见你的笑声和哭泣，看到你脸上的表情，观察你的行为，闻到你的香水味，感觉到你的拥抱。平常讲话时，我们把以上的互动称为"建立联系"（making contact）或"保持接触"（keeping in touch）。然而实际上，只有最后这种互动即拥抱才发生了身体的接触，其他的各种互动都有一定的身体距离。如果客观地考虑，用"contact"和"touch"这样的字眼来涵盖书写、说话和视觉信号似乎有点奇怪，但又颇能给人启示。看来，我们自动接受了这一事实：身体接触是最基本的交流形式。

这类例子还有许多。例如，我们常常说"扣人心弦的经验"（gripping experience）、"触动心扉的景色"（touching scenes）或"被刺伤的感情"（hurt feelings）；我们还说讲演人"抓住了听众"（hold his audience）。在这些例子中，并没有实际的捕捉、触摸、抚摸或掌握的行为，但这无关紧要。这些身体接触的比方令人满意，表达了不同语境下产生的各种感情。

这样的比方很容易解释。在婴幼儿期，我们不会说话或写字，此时的身体接触是最重要的课题。与母亲身体的直接互动具有压倒一切的意义，给我们留下终身的印记。此前，在子宫里时，我们既不能看，也不能闻，遑论说话写字，身体的接触是我们生命中最强大的因素。成年后，与他人的身体接触行为中有许多古怪的形式，常常还有许多强大的抑制因素。若要理解这些古怪的形式和抑制因素，我们就必须回到我们生命的源头：那时，我们只不过是母亲肚子里的胚胎。我们很少思考在母亲子宫里的亲密生活，然而，正是母体里的亲密生活有助于我们童年时代的亲密行为。可惜，我们往往忽视这样的亲密行为，因为我们将其视为理所当然。同理，重新审视童年时代的亲密行为有助于解释成年生活的亲密行为，此时的亲密行为常常使我们感到困惑甚至尴尬。

我们作为生命体最初的印象必然是亲密的身体接触。彼时，我们舒舒服服地漂浮在母亲的子宫里，得到母亲的呵护。在这个阶段，促进神经系统发育的主要的讯息输入形式有触摸、挤压和移动。胎儿全身浸泡在胞衣的羊水里。胎儿渐长，压迫子宫肌肉的力量增大，子宫轻柔地拥抱胎儿，力度也加大；胎儿的力量渐长，紧紧地蜷缩在子宫里。此外，在十月怀胎期，渐长的胎儿感受到母亲肺脏呼吸的节律，也感受到母亲步行时轻轻的、有规律的晃动。

到了妊娠后期，即分娩前最后三个月，胎儿有了听力，但仍无视觉、味觉或嗅觉。在漆黑的子宫里，外界的碰撞胎儿还是能够感觉到的。如果母亲肚子旁边出现了尖利的噪声，胎儿就会惊得一跳。灵敏的仪器可以捕捉到胎儿的惊动，母亲也可能感觉到胎儿的惊动。这就是说，出生之前的胎儿无疑能听得到母亲每分钟 72 次稳定的心跳。这是胎儿生命过程中主要的声音信号，它将给胎儿留下印记。

在温暖的羊水里漂浮、蜷缩在子宫里、随着母亲身体的移动而晃动、听母亲的心跳——这些经验就是我们生命初期实在的感受。它们是我们在母体里长期感受到的刺激，其他与之竞争的刺激并不存在，这就在我们的大脑中留下终生难以磨灭的印象：安全、舒适和被动。

突然，子宫里的天堂被粗暴而快速地粉碎，这是我们生命历程里最严重的创伤之一，这就是我们降生的经验。在几个小时里，子宫就从舒适的安乐窝变成了紧缩和挤压的肉囊，这是人体最大最有力的肌肉，比运动员强健的肌肉还有力。妊娠之初，子宫给我们的拥抱相当慵懒，稍后的拥抱变得很舒适，分娩时却给我们难以承受的挤压。新生儿脸上展现的不是欢乐而诱人的微笑，而是面部肌肉紧张、扭曲的受折磨的表情。对焦急等待的父母而言，新生儿的啼哭是无与伦比的甜美音乐，但实际上却是新生儿无名恐惧的狂呼乱叫，因为它①脱离了亲密的身体接触。

婴儿降生时身体柔软，仿佛是一块湿漉漉的柔软橡皮；几乎在同一时刻，它猛一喘气，开始呼吸；五六分钟之后，它开始啼哭；它的头部、双腿和双手开始活动，在三十分钟的时间里，它身体的活动加剧，表示抗议，一阵阵的蹬打、挥舞、哭叫，表情痛苦。三十分钟后它精疲力竭，安静下来，久睡难醒。

这场"闹"剧暂停了。但婴儿从这次长睡中醒来时，立刻就需要母爱的呵护、触摸和亲密接触，以补偿它脱离子宫安乐窝的损失。脱离子宫舒适环境后的替代工作由母亲和协助母亲的人提供，替代的方式多种多样。最明显的是母亲的拥抱替代子宫的拥抱。最理性的拥抱方式是怀抱，尽量贴身，以不妨碍婴儿呼吸为限。贴身怀抱和简单的手托截然不同。笨手笨脚的成人抱婴儿时身体接触很少；他很快就会发现，这样抱婴儿的姿势大大削弱了拥抱的安抚价值。母亲的胸膛、手臂和双手必须要尽可能再造子宫拥抱婴儿的环境。

有时，光是怀抱还不够，还必须追加其他模拟子宫的要素。不知

---

① 本书在提到"婴儿"的第三人称代词时，均按原文的"it"翻译成"它"。全书如此，特此注明。——译者

不觉间，母亲开始轻轻地摇晃婴儿。这一动作的安抚效果很好，如果失效，母亲就会起身缓慢踱步，紧紧地搂抱婴儿。有时，母亲会凝视它。这样的亲热能安抚不安和哭闹的婴儿。看来，其安抚作用在于，这些亲密行为在模拟婴儿降生之前在母体里感受到的节奏。最明显的猜测是，这些动作再造了婴儿在子宫里感受到的轻微的摇晃；母亲在孕期里走动时，婴儿就能够感受到这样的节奏。不过，这里有一个漏洞：她走动的速度不是婴儿感受到的节奏。母亲摇晃的节奏比走动的节奏慢。再者，她"抱着婴儿走路"也比平常走得慢。

近年，有人试验摇篮理想的摇晃节律。速度太慢太快都不会产生安抚的效果。然而，把机械驱动的摇晃节律定在每分钟60—70次时，就产生明显的效果，婴儿立即安静多了，哭叫声也少了。诚然，年轻妈妈怀抱婴儿摇晃的频率略有差别，但她们典型的摇晃频率和试验的频率大致相同，怀抱婴儿走路的速度大约也在这个范围之内。不过，一般情况下年轻妈妈走路的平均速度要超过每分钟100步。

看来，母亲安抚婴儿的动作之所以有效，是因为模仿了婴儿在子宫里感受到的摇晃。然而，这些动作的速度却需要另外的解释。除了妈妈的走路之外，胎儿感受到两种节律：一是妈妈呼吸时胸部的起伏，二是她稳定的心跳。呼吸的频率太低，约每分钟10—12次，可以略去不计，但心跳的频率是每分钟72次，似乎是理想的解释。无论婴儿是听到或感觉到母亲的心跳，她心跳的节律似乎是极为重要的安抚因素，使婴儿回忆起昔日的子宫天堂。

还有两种证据支持这一观点。第一，如果用正确的速度播放，心跳的录音也有镇静的作用，即使没有妈妈的摇晃也会使婴儿安静。如果把录音的速度调快到每分钟100多次即正常的走路速度，录音就立即失去镇静的效果。第二，我在《裸猿》一书里报告了详细的观察所得，结果显示，大多数妈妈抱婴儿时将其头部贴近左胸，贴近心脏。这些妈妈没有意识到为何要这样抱婴儿，但她们成功地让婴儿听见了她们的心跳。无论右利手的母亲还是左撇子的母亲都用这样的姿势抱婴儿，所以，心跳的解释似乎是唯一恰当的解释。

　　显而易见，这一发现可用于商业开发。只要花点工夫就可以制造出有镇静作用的摇篮，这样的摇篮可配上小型的机械装置，可以按照母亲的心跳频率摇晃，或不停地播放略微放大的正常的心跳声。两种装置都有的豪华型摇篮当然效果更佳。许多忙乱的母亲只需开启摇篮上的按钮就可以轻松一下，让摇篮自动地、持续不断地摇晃，直到婴儿安静地入睡，就像洗衣机自动清洗婴儿的脏衣服一样。

　　这样的机器投放市场必然是一个时间问题，无疑，它们将会成为忙碌母亲的得力助手。不过，如果使用过度，那也有潜在的危险。诚然，机器的安抚总比没有安抚好，因为这可以舒缓母亲紧张的神经，又可以保证婴儿的健康。母亲太忙时，她别无选择，机器的镇静功能当然有好处，但传统的母亲安抚总比机器安抚好。原因有两个。首先，母亲的安抚总比机器全面。她的动作更复杂，其中一些特征尚待我们研究。第二，母亲安抚婴儿时有母婴的亲密互动，她手托、拥抱和摇晃婴儿的动作为母婴强大的依恋纽带奠定了最重要的基础。当然，在降生后的头几个月里，婴儿会对任何成人的友好姿态作出积极的回应，它接受任何人的任何亲密行为。然而，一岁以后，婴儿已经认识母亲，它开始拒绝陌生人的亲密行为。大多数婴儿5个月时就出现这一变化，不过，这一过程并非一蹴而就，儿童的个体差异不小。因此，我们至今难以预测，婴儿究竟在哪一时刻开始有选择地对母亲作出回应。这是一个关键期，因为以后母子依恋纽带的强度和质量如何，取决于在这个临界期里母婴身体接触的丰富和强弱程度。

显然，如果在这个关键期过分使用机械"母亲"，那可能有危险。有些母亲想象是喂养和其他类似的奖赏使婴儿依恋母亲，但事实并非如此。对孤儿的观察和对猴子的实验观察都得出明确的结论：产生依恋关系最重要的因素是与母亲温柔肉体的亲密接触，而这样的纽带对孩子以后成功的社会行为至关重要。过去有人说，随孩子去哭，不要让他"犟过你"，这样扭曲的传统真难以理解；但在诸多文化中，这样不近人情的现象司空见惯。

然而，为了平衡上述言论，我们又必须补充说，孩子稍大以后，情况却有所变化。当孩子应该去闯一闯，应该更独立时，母亲反而太呵护孩子。最严重的扭曲是：母亲对婴儿呵护不够、过分严厉，甚至进行惩罚，孩子稍大后却太溺爱，紧紧抓住孩子不放手。这完全颠倒了情感纽带的发展顺序，遗憾的是，这正是今天司空见惯的现象。如果稍大的或青春期的孩子"反叛"，他们背后隐藏的常常是这种扭曲的育儿模式。可惜，反叛发生时却难以矫正了，幼年期的损害已经造成了。

我在此描绘的自然顺序——先疼爱后放手——的育儿模式不仅适用于人类，而且适用于其他灵长类动物。母猴和母猿从幼崽降生那一刻起的几个星期里，始终保持与幼崽的亲密接触。当然，它们有先天特性的帮助：小猴的力量足以紧紧抓住母亲，长时间不松手，而不必凭借外力的帮助。巨猿比如大猩猩与猴类略有不同，幼崽出生后几天才能够紧紧抓住母亲，虽然体重逐渐增加，它们还是紧紧抓住母亲，始终不放手。体形较小的猴子从出生那一刻起就抓住母亲不放。我曾经目睹一只小猴露出母体一半时就抓住母亲，那时，它的下半身还在母猴的子宫里。

人类婴儿的力量大为逊色，其手臂很弱，脚指甲即使有也很短，双腿无法抓住母亲。在起初的几个月里，母亲不得不用各种动作来保持与婴儿的身体接触。在婴儿的身上，固然可以看见祖先攀缘行为模式的残迹，使我们想起远古的进化，但这些动作已经没有任何实用意义。抓握的动作在出生后两个月就消失殆尽，这样的动作叫作"紧抓反射"（grasp reflex）或"莫罗反射"（Moro reflex）。

这种反射来得早，6个月的胎儿在母体内就已经会抓。刚降生时，如果你刺激婴儿的手掌，它就会紧紧抓住你，成人甚至可以这样把婴儿举起来。然而，和幼猴截然不同的是，婴儿抓握的时间只能维持片刻。

你可以清楚地证明莫罗反射。让婴儿握住你的手指把它举起来时，你可以用另一只手托着它的背部，迅速往下降；此时，它的双臂外张，手掌打开，手指伸出，然后双臂很快合拢，仿佛是要拥抱母亲以维持身体平衡。我们在这里清楚看见远古灵长类动物攀缘抓握动作的影子，这是今天健康的小猴做的很有效的动作。如果婴儿觉得自己是在往下掉，同时母亲又紧紧抓住它的手臂，让它的手可以抓握，那么，它的第一个反应就不是张开手臂以求拥抱，而是直接紧握双手。小猴受惊时就会这样紧紧抓住正在休憩的母猴，母猴随之就一惊而起。于是，小猴就更加紧紧抓住母猴，准备让母猴带走。人类的婴儿到8个月大时，身上还可见类似小猴的抓握动作，向我们展示莫罗反射的遗存。

然而，从人类母亲的角度来看问题，这些"猴子"的反应仅有学术价值而已。动物学家也许对它们感兴趣，但它们实际上不能减轻父母的负担。妈妈如何对付这种繁重的负担呢？办法有几种。在大多数所谓原始文化中，在出生以后的几个月里，婴儿始终与妈妈亲密接触。母亲休息时紧紧抱着婴儿，或由另一人抱着婴儿。母亲睡觉时，婴儿睡在母亲身边。母亲干活、走路时，用背带把婴儿捆在身上。如此，她给婴儿提供片刻不停的身体接触，这是灵长类动物典型的行为模式。不过，现代母亲未必能够随时随地这样无微不至地照看婴儿。

另一种办法是用布包裹婴儿。母亲不能够夜以继日、一个小时又一个小时地拥抱婴儿，与婴儿亲密接触，但是她至少可以用衣物给婴儿提供软绵绵的拥抱，用来替代它失去的子宫安乐窝，不无小补。一般地说，我们把用衣物包裹婴儿仅仅视为保暖的办法，其实襁褓的作用不止于此，衣物的拥抱同样重要。然而，襁褓的松紧倒是一个激烈争论的问题。对这个降生后的衣物子宫，不同文化的态度差别相当大。

在今天的西方世界，紧身的襁褓一般不受欢迎，即使刚出生的婴儿也只用衣物轻轻地包裹，以便婴儿想动时能活动身体和四肢。专家们担心，紧身的襁褓"可能抑制孩子的精神发育"。大多数西方读者会毫不犹豫地同意这个观点，但它值得我们再仔细地予以考察。古希腊和古罗马就流行襁褓，即使最狂热反对襁褓的人也不得不承认，在希腊人和罗马人中，精神未受压抑的襁褓俊杰不在少数。直到18世纪末，大不列颠的婴儿仍然在用襁褓包裹；此刻，许多俄国人、南斯拉夫人、墨西哥人、拉普人、日本人和美洲印第安人还在用襁褓。最近有人用科学实验来考察用襁褓和不用襁褓的差别，用成套灵敏的仪器来检查婴儿有什么不舒服的感觉。其结论是，襁褓减轻婴儿的焦躁，减少其呼吸的频率和哭闹的时间，同时又延长了婴儿的睡眠时间。原因大概是，紧身的襁褓使之回忆起降生前最后几周子宫紧紧的拥抱吧。

即使这一结论完全有利于用襁褓的习俗，那也应该记住，月份最大的胎儿也不会被子宫包裹得严严实实，没有踢蹬的余地。母亲都可以感觉到婴儿的动作，她知道，她没有把胎儿"包裹"到没有活动空间的地步。因此，比较宽松的襁褓可能比紧身的襁褓更自然。此外，襁褓期可能不必要地延长，超过了可取的时间点。最初几周的襁褓可能有好处，但如果多用几个月，它就可能妨碍肌肉和体姿的健康成长。如果不希望婴儿下一个阶段的成长"延迟"，那么，正如胎儿必须要离开子宫一样，新生儿也必须要离开襁褓。我们说婴儿早熟或晚熟时，一般以降生的时间为参照，如果把这一观念用于童年时期的其他成长阶段，那也是不无裨益的。从婴儿期到青春期的每一个阶段，如果要让子女顺利度过，安然成长，父母和子女都应该有相应形式的亲热、身体接触与爱抚。如果父母在任何一个阶段的亲密行为提前或滞后，麻烦就随之而来。

到此为止，我们察看了母亲如何帮助婴儿重温子宫里那些亲密的感觉，但我们不该给人这样的印象：出生后几个月的舒适只不过是胎儿期舒适的延长。延长的观点仅仅描绘了情景的一部分。同时发生的还有其他的互动。婴儿期还需要补充其他形式的安抚动作，包括爱抚、亲吻和摩挲，包括轻轻地、很讲究地给婴儿清洗，以及其他轻微的动作。而且，拥抱婴儿的方式也是很讲究的，并不是简单地搂在怀里。除了抱在怀里，妈妈常常还要做其他动作。她轻轻地有节奏地拍打婴儿，这个动作多半局限在婴儿的背部；特有的速度，特有的力度，不急不缓，不轻不重。把拍背说成是让婴儿"打嗝"会使人误解。轻拍的动作是母亲更广泛、更基本的回应，不局限于回应婴儿不舒适的表现。每当婴儿需要更多的安抚时，母亲除了拥抱外总是要轻轻地拍一拍宝宝的背。而且，她时常还要轻轻地摇晃宝宝，对宝宝低音耳语。婴儿早期得到的安抚至关重要，我们稍后将会看到，这些安抚动作以许多形式重新露头，有时明显，有时隐蔽，在成人的亲密行为中表现出来。这对母亲来说是如此的自然，以至于很少被思考或讨论，结果人们常常忽视了它们在成人生活中的角色转变。

从源头上看，动物学家把拍打的动作说成是意向动作（intention movement）。最好的例子是鸟儿起飞前的一种动作。鸟儿要振翅起飞时，总是要点点头。在进化过程中，点头的动作可能会放大，以作为它即将起飞的信号。有时，它可能反复几次用力点头，以便要伙伴们注意，它准备起飞，同时要同伴作好准备一起飞。换句话说，它点头表示想飞，故称为意向动作。母亲轻拍婴儿与其类似，是进化形成的身体接触信号，是重复进行的紧抱婴儿不放的意向动作。母亲每拍一次就相当于说："瞧，宝宝，我紧紧地抱着你，保护你，没有危险，放松吧，没什么可担心的。"每拍一次就重复一次信号，以安抚婴儿。但其意义不止于此。再以鸟为例。如果鸟儿轻度受惊，但未吓到要飞走的程度，它会通过轻轻点点头，来警告同伴，但实际并不飞走。换言之，意向动作信号可以发出，但未必付诸实践。人类的轻拍动作也传递同样的信号。手拍一次，停下，再拍一次，再停。它不是完全的危险保护动作——抱紧婴儿。由此可见，妈妈向宝宝传递的讯息不仅是"宝宝别担心，如果有危险，我就这样紧紧抱着你"，而且是"宝宝别担心，没有危险，如果有危险，我会抱得更紧"。于是，反反复复的轻拍就有双倍的安抚作用。

低声耳语或低吟哼唱的声音以另一种方式进行安抚，再次以动物为例有助于我们理解。某些鱼有攻击意向时就做出低头举尾的动作，如果这些鱼发出的信号是它们不会攻击，那么，它们的动作就刚好相反——举头低尾。母亲的低吟以同样的对照原理起作用。响亮、尖厉的声音对人类是警报信号，对其他动物也是警报信号。嘶喊、高喊、号叫、咆哮是许多哺乳类动物痛苦、危险、惧怕和攻击的信号。与此相反，人类母亲用低吟和呢喃的声音传递完全相反的讯息：一切平安。她可以低吟，也可以呢喃，当然，她说的话不重要；重要的是她那轻柔、甜美、舒缓的音调，这种调子向婴儿传递重要的安抚信号。

另一种重要的降生后的亲密行为模式是母亲让婴儿衔乳头（或奶瓶的奶嘴）。它的嘴巴感觉到柔软、温暖、有弹性的东西，它可以吮吸温热、甘甜的乳汁；嘴巴感觉到温暖，舌头尝到了甜味，嘴唇感觉到柔软。于是，另一种基本的安抚、亲密行为进入了它的生活。我们再次看到，这种亲密行为将以各种伪装的形式在成人生活中再度出现。

以上所述是婴儿期最重要的亲密行为。妈妈拥抱婴儿，搂在怀里，摇晃、轻拍、爱抚、亲吻、摩挲，给它清洗、喂奶，对它呢喃低吟。婴儿早期唯一主动的接触行为是吮吸，但婴儿的确能发出两种重要的信号，邀请母亲做亲密行为，并鼓励母亲贴身抱它。这两种信号是哭闹和微笑。哭声启动母亲的拥抱，微笑有助于维持拥抱。哭声说的是"来抱我"，微笑说的是"不要走"。

婴儿的哭声有时被误解。因为哭声用来表示饥饿、不舒服或疼痛，有人就以为，哭声只传递这几种讯息。婴儿一哭，母亲就自动判断，必定是这三种信号之一，但并非如此。那讯息仅仅传达了"来抱我"，并没有说为什么要妈妈来。即使吃饱了，又舒服，无疼痛，婴儿还是可能哭，它只不过希望能和妈妈亲密接触。妈妈招之即来，给宝宝喂奶，确信它没有任何不适，于是把它放下，它可能又开始哭。在健康宝宝身上，这一切只不过表明，它享受妈妈的温存和亲密接触还不够，所以它要抱怨，直到妈妈来抱它。在起初的几个月里，婴儿对亲密接触的要求很高，所幸它有一个强有力的吸引妈妈的信号，那就是微笑，这是对妈妈辛苦的报偿。

在灵长类动物中，人类婴儿的微笑独一无二，猴类和猿类的幼崽不会笑。它们不需要笑，因为它们肢体强壮，能紧紧地抓住母亲，靠自己的动作偎依在母亲怀里。人类的婴儿无力抓住妈妈，只好向妈妈展示更大的魅力。微笑是进化解决这个问题的答案。

哭和笑都得到第二位信号的支持。起初，婴儿的哭闹和猴子的哭闹相似。小猴叫时，发出一连串有节奏的嘶哑声，但没有眼泪。降生后头几周，婴儿的哭闹与小猴大致相同，没有眼泪；稍后，哭声加上了眼泪。成年后，流泪分离出来，成为单独的信号，但婴儿的眼泪和哭声是合在一起的。由于某些原因，人们很少评论人类特有的流泪，不过流泪对我们具有独特的意义，那倒是显而易见的。首先，它当然是视觉信号，无毛的面颊强化了这一信号，泪珠滚滚掉下面颊，晶莹剔透，引人注目。另一条线索来自母亲的回应，那就是给宝宝"擦干眼泪"。妈妈轻轻地擦干宝宝脸上的眼泪，那是亲密的安抚行为。也许，这正是泪腺戏剧性地增长产生的第二位的重要功能，年轻人经常泪如泉涌的信号就是渴望安抚的信号。

虽然这似乎有些牵强，但它也值得我们注意，这就是和其他物种一样，人类有清洁婴儿的强烈欲望。婴儿尿湿尿布时，母亲给宝宝擦干；年轻人泪眼婆娑仿佛是进化产生的"替代尿"，旨在情感压抑时激发类似的亲近回应。和尿液不同的是，眼泪不把大量废物排出体外。眼泪的分泌量不多，有清洗和保护眼球的功能，但痛哭失声时，眼泪的唯一功能似乎是发出社会信号，纯粹的行为学解释是有道理的。和微笑一样，眼泪的主要功能似乎是鼓励他人的亲密行为。

支持微笑的还有咿呀学语和伸展手臂等第二位的信号。宝宝咧嘴笑，咯咯笑，伸手要抓妈妈，要妈妈抱。妈妈以同样的动作回应，她也笑，也对宝宝咿咿呀呀，也伸出手，或去抚摸宝宝，或抱起宝宝。和哭泣一样，微笑要出生后第2个月才会出现。事实上，新生儿的第一个月不妨称为"猴子式行为"（monkey phase）阶段，只有在这个阶段以后，人类独特的信号才会出现。

婴儿进入第3、第4个月时，新的身体接触形式开始出现。早期的"紧抓反射"或"莫罗反射"等"猴子"行为消失，取而代之的是更加准确的定向抓握。灵长类动物幼崽的反射是，自动握住塞进它手里的东西，而此时婴儿的抓握却是选择性的、主动的，它能够协调眼睛和双手，伸手去抓吸引它注意力的特定物体。这一目标经常是母亲身体的某一部分，尤其是头发。到第5个月时，这种定向抓握一般就完善了。

与此类似，自动、不定向的"莫罗反射"让位于定向的拥抱，此时的婴儿特别依恋母亲的身体，会调整动作去适应母亲身体的姿势。一般地说，定向抓握到第6个月时就确定下来。

过了婴儿期进入幼儿期后，基本的身体亲密行为稳步减少，这是一个明显的变化。与父母身体接触时，婴儿对安全的需要得到了很好的满足，但又面对一个日益增强的竞争对手，这就是独立行动。婴儿需要独立行动去发现世界，探索环境。显然，在母亲的怀抱里是无法进行探索的，婴儿必须要探索新的天地，基本的亲密行为就有所减少了。然而，世界仍然是一个令人恐惧的地方，所以在独立性露头时，婴儿还需要某种间接、遥控的亲密行为来维持安全感。亲密接触的交流让位于日益敏锐的视觉交流。妈妈的怀抱固然安全，但局限了婴儿的动作，取而代之的是母婴面部表情的交流，它确保了婴儿的安全感，而且不会妨碍婴儿的动作。母婴的拥抱让位于母婴对视时的微笑或咯咯笑，一切细腻的面部表情都能给婴儿安全感。婴儿起初的微笑是邀请妈妈抱，现在却代替了妈妈抱；实际上，婴儿的微笑本身就是象征性的拥抱，隔着一段距离的拥抱。这样的微笑既可以使婴儿比较自由地活动手脚，又可以使之在一段距离内再次确认与妈妈的情感"接触"。

幼儿学说话时下一个大发展阶段就来临了。三岁时学会基本词汇以后，语言"接触"加入视觉接触中。此时的幼儿和母亲可以用语词交流感情了。

到这个发展阶段，早期基本的身体接触必然进一步受限。老是让妈妈搂抱就显得幼稚了。幼儿对探索、独立和分离的需要日益增长，个体认同逐渐减弱了让妈妈搂抱和爱抚的欲望。在这个阶段，如果父母做出过多的身体接触，孩子并不会感到被保护，而是被伤害。现在他感觉，被父母搂抱就是被父母捆住手脚，父母必须要适应这种新的形势。

尽管如此，身体接触并不会全然消失。在痛苦、惊吓、惧怕的情况下，父母的拥抱仍然受欢迎，仍然是孩子之所求，即使在不那么戏剧性的时刻，父母和孩子的身体接触仍然发生。然而，接触的形式已经有很大的变化，全身紧贴拥抱缩减为部分接触。不那么贴身的拥抱、以手搭肩、摸摸头、握握手等亲密行为开始出现了。

具有讽刺意味的是，童年时代晚期的探索压力越来越大，儿童还是很需要身体接触和亲密行为，那会给他带来舒适的感觉。这种需要不是减少了而是受到压抑了。一方面，身体接触的亲密感意味着幼稚，必须要放逐到过去的记忆中；另一方面，环境却需要这样的亲密接触。解决这种困境冲突的办法是引进新的身体接触形式，使之既可以提供儿童所需的亲密接触，又不会给他留下"婴儿气"的印象。

这种伪装的亲密行为的最初迹象几乎可以回溯到婴儿期，半岁以后出现，始于所谓的"过渡性对象"，实际上就是替代妈妈的无生命的物体。三种替代品最常见：婴儿喜欢的奶嘴、柔软的玩具和柔软的布料，布料一般是围巾或床单。婴儿最初对这些替代品的感觉是它与妈妈亲密接触感觉的一部分。那时的替代品地位当然不会超过妈妈，不可能是优于妈妈的首选，但总是和她的在场紧密地联系在一起。妈妈不在场时就代替妈妈；许多婴儿在没有替代品陪伴的时候就睡不着。围巾和柔软玩具必须要放在它的小床里，陪它睡，否则就会有麻烦。婴儿的要求很具体——要么是那个玩具，要么是那条围巾。类似的或陌生的替代品都不行。

在这个阶段，替代品的使用仅限于母亲不在场的时候，它们在婴儿入睡前之所以重要，是因为孩子与母亲的接触中断了。但孩子略大时，情况有所变化。随着婴儿逐渐独立，喜欢的替代品的重要性不是减少了，而是增加了。有些妈妈误解了这一现象，以为孩子感到不安全，而原因又不清楚。如果孩子吵着要他的"泰迪熊""小巾巾"或

"毛绒绒"——孩子总是给这些替代品起一些特殊的别名;此时的母亲可能会把这视为倒退行为。实际上正好相反。孩子的行为只不过是说:"我想和妈妈抱,但那太婴儿气。我现在独立了。我抱我喜欢的东西,这使我不用回到母亲的怀抱就能觉得安全。"一位权威学者说得好,这样的过渡品"使孩子想到妈妈令人高兴的亲密接触,是妈妈的替代品,同时又是一种防护机制,使之不会重新紧紧贴在妈妈怀中"。

岁月流逝,孩子渐长,但使他感到舒适的替代品还是迟迟不肯退场,甚至可以持续到童年中期。确有罕见的例子显示,替代品还会进入成年生活。我们都很熟悉那个趴在床上抓着她巨大的泰迪熊耳朵的性感女孩。我所谓的"罕见"需要做一点说明。对我们来说,很少有人会对婴儿期"过渡性对象"保持痴迷。对我们大多数人而言,这一行为的本质会变得过于透明。相反的情况是,我们看见替代品的替代品——用高明的成人替代品取代母亲身体的带有乳臭味的替代品。婴儿抱着睡的"小巾巾"换成毛皮衣时,我们就比较尊重这样的变化了。

孩子稍大时,另一种伪装的亲密行为可见于孩子与父母的打闹嬉戏中。如果拥抱父母太婴儿气,但拥抱的需要还存在,那么,解决问题的办法就是和父母打闹,这样的身体接触看起来就不太像拥抱了。充满爱意的拥抱变成了模拟攻击性的熊抱。拥抱变成了摔跤。与父母打闹时,孩子能重温婴儿期亲密接触的温馨,将其隐藏在成年时期攻击性的面具之下。

这一伪装非常成功,以致到青春期后期,仍然可见孩子与父母的假装打闹。再往后,成人之间伪装的亲密行为一般只局限于在胳膊上的一拳或背上的一击，以示友好。应当承认，童年时代的打闹嬉戏不只是伪装的亲密行为；这里既有身体接触，也有体力的较量，既有重温旧梦的温馨，也有对身体潜能的新探索。但婴儿期的亲密行为的确还存在，而且很重要，比一般人通常认为的重要得多。

青春期到来时出现了一个新问题，与父母的身体接触进一步减少。父亲发现，女儿突然不再那么喜欢和他打闹；儿子突然在母亲面前感到害羞。婴儿期一过，独立行为的需要开始表现出来，到了青春期，独立的需求得到强化，出现了一种强大的新的需要：隐私。

如果婴儿发出的讯息意思是"抱紧我"，儿童的讯息是"放下我"，而少男少女的讯息则是"别管我"。一位心理分析师这样描绘青春期的行为方式："年轻人往往独处；从此，他和家人相处时形同路人。"当然，这句话虽有道理，却也过分夸张。青春期的孩子不会到处去亲吻陌生人，但他们还会继续亲吻父母。诚然，和以前相比，其亲吻更加程式化了，原来出声的亲吻变成了轻轻的一点，不过，短暂的亲密接触仍在发生。然而，成年以后，与父母的亲吻仅限于见面、告别、庆贺和灾难时刻。实际上，就家人的亲密行为而言，少年已经成年——有时甚至已经是超级成人了。关爱的父母不知不觉间想出各种办法矫正这一问题。典型的例子是"整理衣服"的行为模式。如果不能直接表示爱抚，他们以伪装的姿态触摸孩子的身体："我给你整一整领带"或"我给你的衣服刷刷灰"。如果孩子的回答是："妈，不用了"或"我自已来"，那就是说，年轻的孩子无意之间识破了父母的心机。

青春期以后，年轻的孩子离开家出去住；从身体接触的观点看，这仿佛是体会第二次降生，家庭的子宫像母亲的子宫一样被放弃了。

亲密行为的原生序列是"抱紧我/放下我/别管我",离家居住时,这个序列倒过来回到源头。年轻的恋人像婴儿一样说"抱紧我"。有时,他们甚至以"宝宝"互称。自婴儿期以来,亲密行为再次频繁出现。和婴儿期一样,身体接触的信号挥舞魔杖,强大的依恋纽带开始形成。为了强化这样的依恋,"抱紧我"的讯息放大为"永远不要离开我"。然而,一旦结偶关系完成,恋人形成了新型的两人世界的家庭单位,第二轮的婴儿期就随之结束了。仿照第一轮亲密行为模式的第二轮亲密行为的序列无情地展开,第二轮的婴儿期让位于第二轮的童年期。(这是真正的第二轮童年期,不能与老年期混淆,老年期很晚,有时被误称为第二轮童年期。)

届时,求爱期日益增加的亲密行为开始减弱。在极端情况下,夫妻一方或双方开始觉得陷入罗网,觉得独立性受到威胁。这种感觉本来是正常的,但给人的感觉是不自然的,于是,夫妻断定婚姻全错了,并决定离婚。第二轮童年的"放下我"让位于第二轮青春期的"别管我"。青春期的第一轮离别父母的时间过去,第二轮家庭分离的离婚到来。但如果离婚造就了第二轮青春期,那么这一新青春期的离异者在没有恋人的情况下做什么呢?情况表明,他们各自寻找新的恋人,重温第二轮的童年期,再婚。猛然回到第二轮童年期,自己也感到不甚惊讶,童年期亲密行为的过程又再次重演。

上述描写有一点玩世不恭,失之过简,但有助于说明问题。许多人很幸运,我们今天也不乏这样的幸运儿,他们不会经历第二轮青春期。他们接受第二轮婴儿期向第二轮童年期的变化。新的性亲密行为和共同养育子女的亲密行为放大了这个童年期,他们的配偶关系维持下来了。

在以后的人生中，含饴弄孙的新的亲密行为可以缓冲父母因素丢失的感觉。最后，第三轮即最后一轮的童年期到来，这是老态龙钟、孤立无助的时期。这个时期的亲密行为序列倏忽即过，时间短促。第三轮童年期不存在，至少从世俗的观点看是不存在的。我们人生的结局像婴儿，"舒舒服服"地躺在棺材里，棺木里用柔软的材料填充，就像摇篮一样。我们从摇篮的摇荡环境走到泥石封堵的固着环境。

许多人难以设想第三轮亲密行为序列戛然而止的无情事实。他们决不接受这样的观点：第三轮婴儿期不会走向天堂里的第三轮童年期。那里的情形既理想又永恒，不必担心母亲的溺爱，因为天父没有妻子。

我追寻从子宫到墓园的亲密行为模式，详细描绘了生命早期的各个阶段，成年以后的各个阶段则一掠而过。解释了亲密行为的根子以后，我们可以在以下章节里更加仔细地审视成年人的亲密行为了。

第二章

两性亲密行为的诱因

每个人的身体都在不断向周围的人发出信号。有些信号邀请亲密接触，另一些信号排斥亲密接触。除非我们突然撞到他人的身体，我们绝不会在仔细"阅读"别人的信号前接触别人。然而，我们的大脑非常善于评估这些邀请的信号；在社会交往中，我们常常能够在刹那间概括出一个社会场景。倘若我们在大群的陌生人中突然发现一位钟情的人，也许在看见他以后不一会儿就开始拥抱他了。这并不意味着粗心大意，它只不过表明，我们颅腔里的"电脑"很精明，几乎立即完成了复杂的计算，能够在我们清醒的时刻作出判断，对周围一切陌生人的相貌和情绪进行精心的评估。他们身上散发出数以百计的信号，有关他们身材、高矮、胖瘦、肤色、声音、气味、体姿、动作和表情的信号以闪电般的速度进入我们特有的感觉器官，我们的社会电脑飞快地运行，输出答案：或是身体接触，或是不接触。于是我们转瞬之间就作出了决定。

在婴儿期，我们的身体小巧、无助，强大的刺激鼓励成人伸出友善的手触摸我们。扁平的面孔、大大的眼睛、笨拙的动作、短小的肢体和圆润的曲线，都加强了触摸的吸引力。此外，灿烂的笑容和惊恐的哭闹信号也增加了吸引力，显而易见，人类婴儿显然是一个对亲密行为的巨大邀请。

如果成人发出类似的无助或痛苦信号，比如生病或遭遇意外时发出的信号，我们就会激起几乎与婴儿相同的假性父母回应。此外，我们以握手的形式进行第一次身体接触时，总是脸上带着微笑表情。

这些行为就是对亲密行为的基本邀请。然而，随着性成熟，人进入了一个全新的接触信号领域——性吸引信号的领域，这一套全新的信号吸引男女开始触摸，此时，他们心中想到的不仅是友情了。

有些信号有普遍性；有些只适用于成人；有些在生物学主题上表现出文化差异；有些和成年男女的外貌有关；有些和成人的行为比如体态、姿势和动作有关。概览这些信号最简单的办法就是对人体做一番巡视，我们将在重点地区作短暂的停留。

胯间。既然研究性信号，合乎逻辑的第一步就是主要的性器官区域，从这里出发向外拓展。胯间之所以是主要的禁忌区，并不仅仅是由于外生殖器集中在这里，而且是因为这个区域集中了人体一切主要的禁忌：撒尿、拉屎、性交、口交、手淫和月经。既然这么多禁忌活动集中于此，胯间被严严实实地掩盖起来就不足为奇。直接暴露胯间的性信号太强烈，初次接触时不能被用作邀请亲密行为的视觉信号；初期的接触必须要经过若干渐进的阶段。具有讽刺意味的是，等到双方关系进入性亲密的高级阶段时，这个区域的视觉展示已经太迟，性伙伴的初次性器官经验一般是触摸。因此，在现代人的求爱过程中，直接看对方性器官这一行为扮演的角色并不太重要。不过，既然对胯间的兴趣相当大，如果直接的展示不可能，变通的办法是可以找到的。

第一个办法是用衣饰去表现隐藏其下的性器官。女性穿小一号的长裤、短裤或泳衣，虽不舒服，但可用勒进胯间的绷紧线条去吸引男性的目光。这是现代才出现的时尚，但与之对应的男子衣饰历史悠久。几乎有两百年（约1408—1575），许多欧洲男子穿遮阴袋，华丽的遮阴袋间接展示了男性生殖器。起初的遮阴袋很普通，是紧身裤裆里的一个小袋，那时的男子穿紧身裤或紧身连裤袜。连裤袜太紧，除了穿遮阴袋，实在是别无选择。阴囊的一个古老写法是"Cod"，遮阴袋（Codpiece）的名字由此而来。后来，遮阴袋戏剧性地加大，成为明目张胆的阳具袋而不是遮阴袋，并给人阴茎坚挺不倒的印象。为了让它更醒目，阳具袋还装饰得色彩丰富，镶嵌上金银珠宝。最后，遮阴袋走得太远以致沦为笑柄。拉伯雷笔下的主人公穿的"遮阴袋需要16码布料，状如凯旋门，用两个金环套在搪瓷纽扣上，金环大如橘子，镶嵌着绿宝石。他的遮阴袋突起向前，长三英尺"。

今天，这种夸张的阴茎展示已在时装界消逝，但其回声未了；20世纪60年代和70年代的年轻人再次穿上了非常紧身的"连裤袜"。和现代女性一样，男性穿非常紧身的牛仔裤和泳裤，被迫改变了阴茎休息的位置。不同于年长的男性——他们穿肥大的裤子，阴茎自然悬垂，年轻人走路时阴茎紧绷突出，紧身裤使之垂直、突出、明显，以吸引女性的目光。如此，年轻人的时装再次展示假性的阴茎勃起，状如遮阴袋；奇怪的是，这并没有引起"清教徒"的批评。在未来的岁月里，遮阴袋是否会再现难以预测；男性在这个区域的花哨装饰究竟能走多远，这一趋势的性展示多久会引起反感、声誉扫地，还有待观察。

其他现代服装的胯间展示具有率真的异国情调，并不广泛流行。这些服饰有：裆下饰有皮毛的女性泳装和连裤袜，或饰有状如女性生殖器的花边。另一种间接展示生殖器的衣饰是苏格兰男子穿正式服装时系在褶裥短裙前的毛皮袋，它留存至今，并没有遭到批评；这种象征性的遮阴袋吊在胯间，常常饰有象征性的阴毛。

不那么直接发出性信号的一种方法是在身体的其他部位进行"生

殖器模仿"（genital-echo）。这可以传递原生性的性信号（primary sexual message），同时又将真正的生殖器深深隐藏。这种模仿有几种方式，若要理解这种模仿的含义，我们必须要再看一看女性生殖器的解剖图。出于象征的目的，它们包括一个洞孔即阴道和两片肌肤即大小阴唇。如果阴道和阴唇被遮蔽，那么身体上任何类似它们的器官或细部都可能被用作"生殖器模仿"，用于发出信号。

洞孔替代物的候选对象是肚脐、嘴巴、鼻孔和耳朵。这些部位都有一些微弱的禁忌，如公共场合掏鼻子或耳朵都不礼貌。相比而言，擦额头上的汗水、揉眼睛都不会引来批评。即使没戴面纱，嘴巴常常是有所遮拦的，至少在打呵欠、喘气或咯咯笑的时候要用手遮掩一下。肚脐的禁忌程度更大，在过去的岁月里，照片中露出的肚脐是必须要完全抹去的，不让人看见它那引起性联想的形状。在这四种"洞孔"中，只有嘴巴和肚脐被当作阴道的替代物。

嘴巴。嘴巴是最具性感的洞孔，在色情的邂逅中，嘴巴发出大量的假性性信号。我在《裸猿》里说，人类外翻的嘴唇很可能是性进化历史的产物，肉感、粉红的嘴唇在生物进化中模仿阴唇，那不是纯文化的产物。和真正的阴唇一样，性唤起时的嘴唇更红、更"肿胀"；和阴唇一样，嘴唇环绕的嘴巴是一个洞孔。自古以来，女性嘴唇都用加色的办法使之鲜红。今天的唇膏是一种重要的化妆品，唇膏的颜色随时尚变化，但很快会回到粉红—鲜红这个范围，借以模仿性唤起高级阶段阴唇充血的外观。当然，这不是有意识地模仿生殖器的信号，此举只不过是为了"性感"或"吸引人"，我们不会去进一步追问原因何在。

成年女性的嘴唇总是比男性的嘴唇更大更肥厚。它们扮演象征性角色，这本在意料之中；为了夸张嘴唇的肥厚，唇膏涂抹的范围常常超过唇线，这也是在模仿性高潮时阴唇充血肿胀的样子。

许多作家和诗人把嘴唇和嘴巴当作人体强有力的色情区，男性接吻时将舌头深深插入女性的嘴巴，宛若阴茎插入阴道。有人说，女子嘴唇的结构反映她阴唇的结构。肥厚嘴唇的女人，其阴唇就肥厚；嘴唇紧而薄的女人，其阴唇就紧而薄。事实上，这不能反映出身体模仿的精确性，仅仅反映出女性的整体体型而已。

肚脐。肚脐引起的评述远不如嘴巴多，但近年来，肚脐在模仿生殖器上扮演了显著的角色。不仅早期照片里的肚脐被抹掉了，而且早期的"好莱坞守则"明确禁止暴露肚脐，即使战前电影中的后宫舞女也必须要用装饰性的肚脐套遮蔽肚脐。没有人对这一禁忌给过任何真正的解释，只有一个站不住脚的借口：露肚脐可能会使孩子问肚脐有何用，给父母带来一个尴尬的有关"生命来源事实"的插曲。但对成人而言，父母的解释当然是荒诞的；真实的原因显而易见：肚脐使人想起下身的"秘密洞穴"。阿拉伯舞女可能摘下面纱，扭动肚皮，跳肚皮舞，这一假性阴道就张开、伸展、扭动，有强烈的性暗示。所以，好莱坞决定，这一不文雅的人体部位必须要遮蔽。具有讽刺意味的是，20世纪后半叶，西方的好莱坞守则放松了，东方新发现的共和精神却扭转了过去的潮流。埃及官方向肚皮舞女下法定通知称，在"传统民间舞蹈"中暴露肚脐不妥当，有失体面。官方坚持说，上腹部要用薄纱遮挡。于是，欧美的肚脐一路拼杀，回到电影里和海滩上，相反，北非的肚脐却被遮蔽，退回到一种新的蒙昧状态了。

自重新露面以来，西方的肚脐裸露经过了有趣的变化。其形状开始变化。在绘画中，传统的圆形让位于更细长的竖直形。察看这一奇怪的现象时，我发现，和以前的艺术家的模特相比，当代的模特和女演员展示竖直形肚脐的概率是圆形肚脐的六倍。随机抽样的 200 件展示女性裸体的绘画和雕像显示，92％的肚脐呈圆形，8％的肚脐是竖直的。对现代模特和女演员的照片所作的类似研究显示，变化是明显的：竖直形的肚脐上升到 46％。部分原因是，这些女子普遍比过去作品里的女人瘦得多，一个肥胖、下垂的女性不可能呈现竖形的肚脐，当然，一个瘦削的女性也未必就是竖直的肚脐。莫迪里阿尼①画作里苗条女郎的肚脐和雷诺阿②画作里丰满模特的肚脐一样圆。再者，20世纪 70 年代里同样身材的女郎也可能呈现出两种形状的肚脐。

这一变化为何发生？这是现代摄影师无意识产生的后果，抑或有意识鼓励的结果？个中原因并不完全清楚。看来，这和展示躯干体姿的细微变化有关系，也可能和夸张的吸气有关系。然而，肚脐新形状的终极象征意义是相当明确的。古典的圆形肚脐有象征性的洞孔角色，容易使人想到肛门。椭圆的、竖直形的肚脐更像阴道，其性象征性质大大增加。显然，这正是近年来的动态，肚脐在西方公开袒露，并且成为色情信号装置；更加公共地运行着。

臀部。离开胯部及其他的替代物的回响，我们转到骨盆后面的臀部，这是一对肥硕的半球。女性的臀部比男性的臀部突出，而且突起的臀部是人类独有的特征，其他灵长类动物没有这样肥大的臀部。如果女人弯腰向男人展示臀部，就像其他灵长类动物邀请雄性性交的姿

---

① 莫迪里阿尼（Amedeo Modigliani，1884—1920），意大利表现主义画家与雕塑家，以弧形优美、形象顾长、色域广阔、构图不对称的肖像画和裸体画著称，代表作有《里维拉》《新郎和新娘》《躺着的裸体》等。——译者
② 雷诺阿（D. A. Renoir，1841—1919），法国印象派画家，擅长人像画及肖像画，特别是妇女肖像画，代表作有《入浴者》《日光下的女裸体》等。——译者

态一样，她的生殖器就会位于光滑浑圆的屁股之间。这种联系使屁股成为人类重要的性信号区域，而且可能有一个古老的生物源头，这是类似其他动物臀部"性肿胀"的对应部位。差别在于，我们肥大的臀部是持久不变的；其他动物的"性肿胀"随经期变化，雌性在排卵期发情。由于人类的女性任何时候都可以接受性行为，她的"性肿胀"自然就持久不变。我们的祖先直立行走以后，生殖器由后面展示转移到正面展示，但臀部仍然维持了性象征的意义。即使性交越来越倾向于采取正面的姿势，女性仍然可以用凸显臀部的方式来发出性信号。今天，如果女性走路时稍微加大扭臀部的姿态，就是强烈的色情信号。如果她的姿势"偶然"使臀部更翘，那也是强烈的色情信号。有时，比如在有名的"翘臀部"的康康舞中，我们还可以看见灵长类雌性古老的抽插式的舞姿。有一种滑稽景象司空见惯：女性弯腰捡掉在地上的东西时，男性禁不住想上前拍打或抚摸她的臀部。

自古以来臀部就有两种现象值得一谈。第一种是自然的"肥臀"，第二种是人为的裙撑。肥臀可按照字面意思理解，指的是显著翘起的臀部，有些文化群落里的人，尤其是南非的布须曼人常有这一特征。有人说，这和骆驼驼峰储存脂肪的功能类似。然而，由于女性臀部比男性夸张得多，看来这更可能是身体这一区域的性信号特化的结果。有可能，布须曼女性臀部的性信号比其他种族的更发达。更大的可能性是，臀部翘是我们大多数祖先的特征，后来这个特征减弱，以使人更加强健。性感和强健调和的结果就是今天所见的不如远古肥大的女性臀部。无疑，布须曼人的分布过去比现在更广泛，他们占有南非大片土地，在黑人扩张后他们的领地才被压缩了。

另一种现象也十分有趣。史前欧洲和其他地区的女性像常常表现出一个类似的特征：臀部硕大，外翘，与总体肥硕的形体失去比例。只有两种解释：其一，肥臀是史前女性天然的特征，向男性发出强烈的性信号；其二，史前雕塑家特别喜欢肥臀的色情特征，和今天的漫画家一样，他们允许自己进行大胆的艺术破格。无论是哪一种解释，史前的臀部都盛行到极致。奇怪的是，随着艺术形式的演变，一个又一个地区的肥臀女性像突然消失了。在它们出现后每一个地方的史前艺术中，它们总是最早被发现的。然后它们突然不见了，取而代之的是纤细的女性像。除非肥胖的女性在远古真是普遍现象，然后逐渐消失，否则史前艺术里广泛的变化将始终是难解之谜。男性对女性肥臀的兴趣保持下来，但除了少数例外，女体的臀部已经削减到我们在20世纪电影屏幕上看到的合乎自然的比例。古埃及壁画上的舞女在现代的夜总会很容易找到工作，倘若米兰的维纳斯真有其人，她的臀围是不会超过38英寸的。

这一规律的例外十分有趣。在一定意义上，这些例外是向史前艺术形象的回归，也反映了男性对夸张女性臀部兴趣的复兴。在这些例外里，我们从真实的肥臀转移到人为的裙撑。这两种情况的效果是一样的——都是臀部的放大——但是裙撑是通过插入厚的衬垫或某种框架来达到这个目的。论起源，裙撑的先驱是衬裙。欧洲时装中，在骨盆周围加料垫高臀部的历史悠久，只需把前部和两侧的填料去掉就可以使臀部后翘的效果重新登场。这使得这一创造是一种"减少"而不是夸张，所以它进入高级时尚圈时，并没有招来非议。裙撑以这种逆向的缩减方式，避免了明显的性暗示。裙撑在19世纪70年代流行了几年就消失了，但到19世纪80年代，它以一种更夸张的形式凯旋而归。它现在成了一个大架子，支架在背后伸开，用钢丝网和弹簧固定，它给人的印象是，即使精疲力竭的布须曼男人也会有反应。然而，到19世纪90年代，这一时尚又随风而逝；20世纪日益崇尚健美的女性从未希望它卷土重来。相反，现代的大臀部仅限于"假臀"、挑逗性的翘臀动作和漫画家的画板了。

腿部。 从臀部往下看，女性的双腿作为性信号装置，也引起了男性极大的兴趣。从人体结构来看，女性大腿外侧储存的脂肪比男性多，在有些时代，丰满的大腿是性感的。在其他一些时代，仅仅暴露腿部肌肤就足以发出较强的性信号。不用说，暴露的部位越高，刺激就越强烈，原因很简单，因为它更接近最重要的性感区了。腿部的人工辅助材料包括穿在不透明长袜下的"小腿假肢"，但它和"臀部假肢"一样罕见。高跟鞋一直很普遍，倾斜的脚掌使腿部线条更美，腿显得更长；这和双腿的延长是青少年发育成熟的一个特征有关。"修长的美腿"等于性成熟，因此就性感。

脚经常被塞进小而夹脚的鞋子里，这一趋势的源头是，成年女性的脚比成年男性的脚小，自然的联想就是，加强这一差异会使女性的脚更性感，成为吸引男性的性信号。许多女性因此而吃尽苦头。拜伦概括了男性传统的态度，他写道：她的"双脚小巧玲珑、飘逸轻盈，与完美对称的身段十分般配"。对女性小脚的看法反映在魅力永存的"灰姑娘"的故事中，这个故事历时两千多年而不衰。灰姑娘丑陋的姐姐的脚太大了，塞不进水晶鞋，只有美丽的女主人公的脚才瘦小得适合水晶鞋，她赢得了王子的爱。

在中国，女性小脚的潮流曾经走上令人恐怖的极端，女孩子常被迫缠足以致严重残疾。缠足后畸变的脚叫作"金莲"，穿上绣花鞋就有吸引力，不穿鞋时就像猪蹄。这一痛苦的习俗至关重要，"金莲"

的商业价值用小巧的程度衡量，彩礼的多少靠"金莲"的大小来议定。现代女性抱怨鞋夹脚，使"脚疼得要命"，但和古老的缠足相比，那只不过是小巫。对这一习俗冠冕堂皇的解释是，"金莲"使女性不必劳作——因为她身残不能工作。但她的丈夫也不必工作呀，为何他就不必缠足呢？可见夸大性别差异才是更加可信的解释，这一结论可用来解释许多其他现象。实施特殊的扭曲或夸张时冠冕堂皇的理由是"高雅的时尚"或炫耀高贵的地位，但更加深刻的解释是，具体的修整突出了女性（或男性）的生物学特征。女性收腰的习俗是另一个例子。

除了身体结构特征之外，双腿的姿态也能够传达性信号。在许多文化里，女孩子被告之双腿叉开站或坐都不雅观，这个姿态等于"敞开"生殖器，即使看不见，传达的讯息却是一样的。近年来，由于女性穿裤子居多，严格的礼仪规定不复存在，叉开双腿的姿势也多起来，广告模特越来越多地采用这一姿势。曾经过于强烈的性信号如今成了纯粹的挑战姿势，曾经的惊世骇俗成了如今的诱人。不过，穿裙子的女孩子还是遵守这一古老的规矩。在大多数情况下，如果暴露敞开的胯，或只穿连裤袜，那仍然是非常强烈的性邀请信号。

所以，传统"有教养的姑娘"总是并拢双腿。但如果她走到另一个极端，把双腿压得太紧，也是有危险的。如果两条腿交叉、大腿压得过紧，她就会因"抗争过火"而引起非议。和一切禁欲的言论一样，那就显示，她满脑袋都是性。实际上，过分遮掩生殖器的女性和过分暴露生殖器的女性一样显眼。与此相似，如果一个女孩坐下时裙子稍微往上一点，露出的腿比她预想的要多，她试图再次把裙摆往下拽反而会增加性信号。唯一的非性信号是避免两个极端。

对男性而言，叉开双腿的信号和女性大同小异，都是："我向你展示生殖器。"双腿叉开坐是男人强势和自信的姿势（除非他太胖，双腿并不拢）。

腹部。从生殖器往上移，我们来到腹部。腹部有两种典型的形状：平坦腹和"壶形腹"。年轻恋人的腹部往往是扁平的，"壶形腹"常见于饥馑的儿童和贪食的男性。女性即使肥胖，也不太可能像男性那样大腹便便。这是因为女性的大腿和臀部比腹部更"贪吃"。当然，如果男性和女性一样贪吃，两人都会长出球形的腹部，但在轻度肥胖的水平上，两人脂肪分布的区别是很明显的。许多相对瘦削的中老年男人腹部相当挺。这如何解释呢？

有时，一幅漫画传达的讯息比画家本人想说的甚至理解的还要多。有一幅漫画画了一位大腹便便的中年人在海滩上，一位美丽的比基尼女郎向他走去。看见女郎时，他收缩松软的腹肌；女郎走到身边时，他收腹挺胸。但她走过去以后，那强制收缩的腹部又慢慢地松弛下垂；等到她走远后，球形的腹部恢复原状。这幅幽默画意在反映对男性身体曲线和性感形象的无意识控制，同时它还描绘了男性无意识的、几乎持久的性展示。这是因为男性经历性兴奋或持久的性兴趣时，腹肌总是要自动收紧。无论个体差异如何，这都表现在年轻男性或老年男性的普遍差异上。年轻的男性比年长的男性更具性能力，而且随着年龄的降低，其体形更加明显。他们有着人类男子典型的阳刚外形：肩宽、胸挺、胯窄。平坦的腹部是年轻男性身形的一部分。老人的身形往往是软腹、圆肩、平胸、肥臀，鼓起的腹部使他的身形倒过来。老人这一身形发出的讯息是明白无误的："我已经告别了配偶形成阶段。"

现代年长男子崇拜青春活力和雄风不减，竭力阻挡那难以阻挡的身形逆转。他们无情地节食，热情地锻炼，甚至穿紧身衣，有意识地尽可能收缩松弛的腹肌。当然，如果他们能一次又一次地堕入情网，事情就简单得多。从腹部效果来看，桃花运相当于节食加锻炼，堕入情网时，锻炼身体就会成为内在的追求。激情之下，腹肌会自动收缩并维持收缩状态，因为堕入情网的行为真正从生物机能上恢复了青春活力，身体会自动与恋爱的情绪一致。当然，许多男性有时会向这个方向努力，但除非这一过程连续不断，否则身材逆转的趋势就是不可逆转的，维持青春身材的成绩毕竟有限。毋庸赘言，这样的风流韵事对年长男性真正的生物学上的角色会造成损害，因为他已经是一个既定家庭单位的家长了。

　　情况并非总是这样。很久以前，现代医学的奇迹尚未使人延年益寿到与自然抗争的程度，大多数男性很快就化为尘土了。从我们灵长类动物的体重和各种生命周期的特征来判断，男性的自然寿命大约是40—45岁，不会更长。超过这个年龄的一切都是自然的恩赐。而且，历史上位高权重的老年男性之所以能维持其地位，往往是靠社会权力，而不是青春活力。漂亮的年轻女性常常不是求爱的对象，而是购买的对象。肥胖的贵族或后宫的胖主人不在乎他那臃肿的体态，也不在乎他身上发出的与性感背道而驰的信号。在他的后宫里，肚皮舞应运而生。起初，肚皮舞舞女在她脑满肠肥、性力衰竭的老爷身上进行骨盆抽插的表演。老爷无力自己完成插入动作，不得不由特别训练的女人接替男主人抽插的角色；性交时，她把那萎靡不举的阴茎送入阴道，扭动并猛烈地晃动她们的臀部，以刺激阴茎达到高潮，这只不过是一种可以生育的手淫而已。训练有素的舞女动作巧妙、丰富多样，挑逗肥胖的权势男人，这就是著名的东方肚皮舞的基础。作为性交前的视觉准备，后来越来越精细繁复，直到变成今天夜总会和卡巴莱歌舞厅里的表演。

对现代男子而言，不考虑勾引女性的性征服多半仅限于草草收场的嫖妓。为了维持长期的关系，他必须更多地依靠自己的性魅力。在这方面，他回到人类更自然的生活状况，但与此同时，他的寿命又人为地延长了。如此，他开始操心自己的"青春活力"；一过30岁，他就难免感到性能力的下降。如果其自然寿命是40岁，性能力的下降不会成为大问题，因为他只剩下足够的时间来养儿育女。如今，生儿育女后的男性还有半个世纪的寿命，性能力的问题就严重了，当代生活里有那么多的膳食书籍、健身会所等诸如此类的东西，足以证明问题之尖锐。

腰部。在这里，我们又回到女性的性信号世界。女性的腰身比男性细，或看上去比男性细，因为她那生过孩子的臀部宽大，乳房又圆鼓高耸。因此，瘦腰成了女性重要的性信号，且可以人为地加以夸张，上文已经对此作了简单介绍。女性可以用直接或间接的手段加强这一信号，一是束腰，一是放大胸部和臀部。两者结合就可以最大限度地发出性信号。要放大乳房可以用紧身衣托起或抬举，可以加乳垫使之耸立，可以用整容术使之隆起；臀部可以用臀垫加大，也可以用紧身裤勾勒出臀部线条；至于腰本身，则可以用束腰布或扎皮带来使之收紧。

女性束腰历史悠久，有时不乏苦痛。过去有些时候，束腰的举措太严厉，以至于伤及年轻女子的肋骨和肺脏，妨碍其呼吸。在维多利亚时代晚期，漂亮姑娘的细腰应该维持在她上一次生日的尺寸。为达此目标，许多年轻姑娘被迫捆着勒紧的腰带睡觉，白天也不解开腰带。在裙撑时髦的时期，对腰身的束缚有所缓减，当然是因为和臀部相比腰身很细，那庞大的裙子显然把臀部放大了。

20 世纪的腰身不再那么受束腰的折磨，而且经常是没有任何拘束，取而代之的瘦腰手段是严格的节食，借以"压缩"腰身的尺寸。今天，英国女性的平均腰围是 27.75 英寸。"豆芽菜"模特崔姬（Twiggy）、典型的《花花公子》"女伴"和世界小姐的平均腰围是 24 英寸。现代女运动员要求身体更阳刚，其腰围接近 29 英寸。

腰围的数字和胸围、臀围联系起来就更有意义，它们揭示"腰身曲线"因素在女人曲线里的重要性。崔姬（三围 30.5—24—33，单位：英寸）和世界小姐（36—24—36，单位：英寸）分道扬镳了，世界小姐释放出强大的细腰信号，远远超越崔姬。

还有一个有关腰部的因素需要说明。腰部的曲线来自上下两端的膨大，而臀围又可能大于胸围。世界小姐达到了完美的平衡，从胸部到腰部、从臀部到腰部，她的腰都缩进 12 英寸。然而，英国女性的三围平均是（37—27.75—39，单位：英寸），从臀部到腰部缩进的曲线大于从胸部到腰部缩进的曲线，臀围比胸围大 2 英寸，这就是所谓的"下落" 2 英寸。这个平均三围也是西方国家妇女的平均三围。意大利女人的臀围也比胸围大 2 英寸；德国和瑞士女人的臀围则比胸围大 2.375 英寸；瑞典和法国女人的臀围也比胸围大 2.125 英寸。

这些三围数字和《花花公子》"女伴"的三围差别显著，耐人寻味。换言之，《花花公子》"女伴"的三围是"上升" 2 英寸，而不是"下落" 2 英寸。因此，说她"胸部大"并不仅仅在表明她乳房的实际尺寸。《花花公子》"女伴"的胸围和英国女性的平均胸围是相同的。表面上"大胸"的印象和另一个事实有关：虽然她的胸围并不大，但她的腰围和臀围比平均数大概要小4英寸，造成她上重下轻的曲线，观众的目光就戏剧性地转向她的乳房了。寻找这种异乎寻常的女性绝不会轻而易举。为推销《花花公子》，其"女伴"的照片要显示裸露的乳房，这是严格的生物特征问题，乳房美容术帮不上忙。为了更充分地考虑这个问题，我们搁下腰部专讲胸部。

乳房。成年女性有一对得天独厚膨大的、半球形的乳腺，在灵长类动物里，唯有她才有这一特征。即使在不泌乳的时候，她的乳房也高耸、膨大，显然不纯粹是为了哺乳。我在上文已经说过，将其视为对首要性器区的模拟更妥当；换句话说，乳房是生物进化中对半球形臀部的模拟。女人以人类独有的姿势直立面对男人时，乳房赋予她强大的性信号，站立是人类独有的姿势。

臀部的基本形态还有两种余波，但它们不如乳房发出的性信号强大。一是女性光滑而圆润的肩头。上衣或汗衫的领口往下拉一点，"刚好"露出一只肩头时，那就是一个弧形的半球。这是低胸裙装流行期常用的色情手段。另一种余波见于女性的膝盖，她们屈腿并膝时，一对柔美的半球就映入女性眼帘。色情文学也常常描写这一情景。像露肩装一样，她们的裙子短到刚好露出膝盖。如果整条腿都裸露，其冲击力反而减少，因为全腿裸露时，它只不过是浑圆大腿的末端，双膝必然失去半球形的外观。然而，肩头和膝头这两种余波比较轻微，唯有乳房才拥有强大的冲击力。

儿童对妈妈乳房的反应和成年男性对乳房的反应截然不同，这一区分至关重要。大多数男性纯粹从性感的角度看女性乳房；与之相比，科学理论家纯粹从婴儿的角度看乳房。两种观点都片面，因为两种因素都在起作用。恋爱中的男性亲吻乳头时，很可能在回顾婴儿期的快乐，他不会去亲吻臀部。他色眯眯地看女性的乳房、摸女性的乳房时，首先是在对半球形的臀部作出反应，而不是在重温他婴儿期抚摸母亲乳房的感觉。婴儿的手太小，妈妈的乳房太大，他不能把握或捧起妈妈的乳房；男人手捧浑圆的乳房时，联想到的是半球形的臀部。从视觉效果看，乳房更像臀部，而不是像婴儿吸奶时耸起的庞然大物。

由此可见，女性乳房对人类的性意义是首要的意义；虽然这不是其全部意义，但在社会对女性胸部的关注中，性意义扮演了重要的角色。对英格兰早期的清教徒来说，这就意味着用紧身的马甲把乳房完全压平。在 17 世纪的西班牙，束胸的举措更加严厉，年轻女性用铅板压迫乳房，不让其发育。当然，这些举措并不是说明对女性乳房缺乏兴趣，没有兴趣的证据应该是置之不理；束胸的做法正好说明，乳房的确在发出性信号，出于文化的原因，必须阻止乳房的发育。

更广泛和常见的趋势是突出乳房，重点不是使之更肥大，而是使之更高耸。换言之，这种趋势是改善其半球形的、假性臀部的外观。紧身的衣裙托举乳房，使之高耸；两只乳房受挤压而并拢，使乳沟更像臀沟；紧绷的乳罩抓住乳房向前推举，不让其下垂。历史上有些时候，人们对乳房的关注较之今天有过之而无不及，比如古印度一部爱经就说："长期用锑和米汤的制剂涂抹女孩子的乳房，使之又大又挺，赢得鉴赏家的倾心，就像黄金使窃贼动心一样。"

然而，在原始文化中，松弛下垂的乳房的确更受欢迎，女孩子受鼓励去拽乳房，以加速其下坠的变化。另一种情况是，小乳房甚至平胸的女性拥有狂热的追求者。这些例外需要解释。社会人类学家大概只不过将其作为"文化变异"记录在案，然后就不再理睬。他可能会说，每一种文化、每一个时期都有其特别的审美标准，只要被某一部落或某一社会接受的时尚，任何现象都是合理的。这些变异里不存在基本的生物学主题，只存在同样是合理选择的宽广的范围，每一种选择都必须被视为有自身的优势。但这种观点回避了一个根本问题：为何男性和女性在进化过程中产生了这么多细微的差别？典型的女性长出膨大的乳房，男性却没有；无论她是否泌乳哺育，她的乳房都照样膨大，其他灵长类动物却没有如此突出的视觉特征。因此，对智人而言，女性的乳房的确构成了一个基本的生物学主题，这个主题的变异必须要被视为异常现象，必须要得到特别的解释，而不是被视为同等重要、不必解释的文化选项，如果只说它们是"不同的部落的传统习俗"，那是不够的。

为了理解这些例外，看一看女性乳房的"生命周期"不无好处。女孩的乳房只不过是平胸上的一个小乳头。到青春期，它像含苞欲放的蓓蕾。这个阶段的乳房开始膨大，向前突出。随着它长大变重，它因自重而开始下垂，底部的曲线比上部的曲线略大，然而乳头仍然向外突出。这是 18、19 岁姑娘乳房的外观。20 岁以后，乳房继续膨大，慢慢下垂；中年以后，如果不人为支撑，发育成熟的乳房就明显松弛。可见，乳房的生命周期分三个阶段：未成熟女孩的乳房小巧，年轻女性的乳房前突，年长女性的乳房下垂。

如此观之，所谓文化变异开始获得新的意义。如果未成熟女孩被认为有性魅力，那么，小巧的乳房就受欢迎；如果年长女性更受欢迎，那么，下垂的乳房就时髦。大多数情况下，居于两者之间的乳房受欢迎，因为它代表女性第一次性活动的真实阶段。乳房欠发达的女性用填料丰乳，以模仿前突的乳房；如果年长女性希望给人的印象是她的性生活刚进入鲜花怒放的阶段，她就用向上推举的办法模仿前突、高耸的乳房。

如果假性的未成熟女孩受欢迎，那就可能有几种解释。对生活在性压抑的禁欲文化中的男人而言，扁平的乳房有助于熄灭女人强烈的性信号。对强烈希望扮演新娘"父亲"角色的男人而言，小巧乳房那种小姑娘似的外观有魅力。对潜在的同性恋者而言，小巧乳房给人小男孩的印象，是很有吸引力的。走到另一个极端，在女性的母亲角色远远胜过性角色的文化中，年长女性的下垂乳房更富有吸引力，即便是年轻姑娘也持这样的观点。于是，年轻姑娘就必然"催老"自己的乳房，她们会拉拽乳房使之下垂。

然而，对多数人而言，最有魅力的乳房的时间点是：半球似的乳房最为丰满坚挺但尚未大到开始下垂的时候。这可以解释《花花公子》摄影师的困境，其困境是：乳房的一种特征（膨大）增长，另一种特征（不下垂）必然下降。为了拍摄超级乳房，他不得不挑选难得一觅的姑娘：其乳房膨大隆起、充分发育的阶段已经过去，但仍然维持青春而坚挺的外观。有趣的是，这把他挑选的年龄范围限制在十八九岁。不言自明，就这类性信号而言，这是乳房生命周期最重要的关键点，也是年长的女人试图模仿和人为延长年轻乳房生命的阶段，她们用各种支撑乳房的技艺来使之永葆青春。

摄影师挑选腰围和臀围适中的模特，间接促进了超级乳房的效应。在这里，我们回到女人身体曲线随年龄而发生变化的问题。测试证明，每隔5年，成年女人的体重平均增加3磅。其中一小部分重量加到乳房上，如此增加的重量使乳房逐年下垂。臀部和大腿增加的重量特别多，造成中年女人典型的"大屁股"（传统意义上的字面含义）外观。这就是女体曲线"下降"的原因，上文所谓的"下降"是指臀围略大于胸围。在世界有些地方，尤其是在地中海地区，女人刚过20岁，这一变化就以惊人的速度发生。前一刻，她们还苗条纤细，一夜之间，她们的骨盆就开始膨大形成年长女人典型的"妈妈"体形。在其他地区，这种变化比较渐进，但基本趋势相同。进入老年以后，身体缩小，逆转开始了。

许多西方女人希望青春永驻。对她们而言，人类这个自然的生物学趋势构成严重的挑战，需要经常进行痛苦的节食。她们不仅在与贪食斗争，而且在与自然抗争。如果要维持少女般的身段，她们不仅不能"正常"进食，而且必须刻意地少吃。历史上的情况并非像今天这样极端。过去，丰满浑圆的女人体形是完全可以接受的性对象；丰盈的曲线并没有任何不像女性的感觉。当然，这种曲线的确象征"为人母"后的体形，而不是处女阶段的体形。现代妇女受当代青春崇拜的影响，即使在她过性生活、生儿育女的时候，仍然希望她的肌肤像处女那样柔美。

成年女人丰盈的曲线基本上和为人母阶段的生活相联系，而不是和求爱期间的生活相联系。其证据是：每生1个孩子，已婚女人的体重就增加7磅，而未婚女人同期的体重只增加2磅。其中的教益是，如果女人想要保持少女的身段，她就必须是处女。从生物学的角度看，无论其年龄，未婚的女人仍然在向潜在的配偶展示自己，所以她往往要保持身材，以适应求爱的语境。一旦结婚，她不知不觉间就进入了"舒服的"妈妈体形，她的身体曲线就开始发出妈妈阶段的信号。

大多数现代女人都认为这个趋势令人讨厌，但这是基本的趋势，绝非偶然现象。从生物学的观点来看，这个趋势必然有其价值。人们常给出的解释是，丰满、肥臀的女人更能生孩子，但支持这一说法的证据很少。事实上，臀部的增大并不等于骨盆和生殖孔的加大，而是增加了一层又一层的脂肪。另一种更倾向于性行为的解释似乎更有道理。苗条的女孩子身段是男人视觉上欣赏的体形——这是凝视、触摸、亲吻和爱恋的体形。更丰满的成熟女子体形是他们多年厮守、做爱体形。也许，这里的变化是理想的视觉体形向理想的触摸体形的变化。"蹦蹦跳跳的小鹿"成了温暖舒适的肉体欢娱。毫无疑问，这样的变化可以解释以下现象：骨感的时装模特只能看不能摸，圆润的女体是用来拥抱的，她已经完成了吸引男人、缔结姻缘的生物学任务。

　　当然，我这里说的是极端情况。在一般情况下，少女般的身段并不是那么瘦骨嶙峋、做爱时不那么逗人爱的身段，而丰满的女体也并不是那么难看。两个阶段的体形在视觉上和触觉上都能发挥令人满意的作用。觉得体形变化令人讨厌的误解概出一源，现代社会囫囵吞下一个浪漫的神话：年轻的恋人永远沐浴在梦幻的爱河中，年复一年，配偶形成阶段的激情海枯石烂、永不衰竭，甚至在配偶关系完美以后，爱欲的激情也继续如火如荼。他们不接受这样的事实：狂热的"恋爱"必然要走向成熟的爱情，转变为深情却不再那么猛烈的"性爱"；相反，已婚夫妇努力维持初恋时气喘吁吁的激情，他们念念不忘初恋时双方青春的体形。其实，初恋的激情必然要趋于减缓，但他们却想象一定是婚姻出了问题，觉得沮丧。回头来看，这样的幻觉是早期的好莱坞电影制造的。

肌肤。光滑、清洁、无恙的肌肤具有重要的性意义，男女两性、一切文化，概莫能外。皱纹、尘垢和皮肤病总是有损性欲的。（在有些文化里，故意的瘢痕和文身是另一回事，那只会增加性感，而不是减少性感。）

此外，女人肌肤上的毛发不如男人多。她不仅用油脂、护肤液通过按摩使肌肤更加光滑，而且用各种办法来去掉身上的毛发，以加强性别差异。去毛的习俗在许多文化里已有几千年的历史。不仅"原始"部落有这一习俗，古希腊妇女甚至用手拔掉阴毛，用一位古典作家的话说，"纤纤素手拔爱毛"；她们甚至用蜡烛烧掉阴毛，或用热灰烫掉阴毛。

现代女性用电动刀和安全刀片剃毛，近年又用化学方法去毛。美容专家说，英国80％的女人长着"令人讨厌"的体毛；虽然和男人相比她们的体毛又稀又细，但她们总觉得多了一点男子气，心里不舒服。除了用剃刀去毛以及用霜剂、润肤剂和气雾剂去毛外，美容专家还提出几种建议供女士们选择：涂蜡、擦拭、拔除和电蚀。涂蜡时把特种蜡熔化后抹在肌肤上，形成薄膜，待干，然后揭去，拔掉汗毛。这和古代阿拉伯妇女的去毛法基本相同：她们用黏糊状的糖浆加柠檬汁，涂在肌肤上，待干，揭膜，程序基本上是一样的。

许多现代男人每天刮胡子，但除了传统的剃刀之外，他们从不贸然尝试其他办法。乍一看这令人奇怪，但细想之下，一个隐蔽的因素就浮出水面。这不是怯懦，也不是缺乏创新，而是既想刮胡子，又想留胡子。剃须以后，留下青斑，胡须仍然若隐若现，宛若幽灵。倘若某种新工艺真能一劳永逸地将胡子连根拔除，脸上透露阳刚气的青斑荡然无存，那张脸就太女气了。他不用其他办法清除胡子，而是坚持刮胡子；到生命的尽头时，他已经花掉了2 000小时刮胡子，他为这个矛盾的信号付出的代价实在是高。

在性前激情投入和性交时，男女双方全身肌肤都会发生相当大的变化。全身散热，容光焕发，性高潮时全身出汗。色情照片显示，模特设法展示这样的视觉信号。她涂油使肌肤发亮，喷上一点水造成出汗的印象。此时，她并不是让你有意识地把水当成汗水，水就是水，你看到模特走出水池或沐浴间，足以证明那就是水。如果出汗太明显，那未免是太露骨的性暗示。反之，水湿的肌肤产生无意识的联想也异曲同工。彩色照片习惯偏重红色调，也说明同样的问题。这给年轻女人的肌肤性红晕的外观，仿佛她欲火旺盛，这是许多杂志常用的手腕。但编辑部对摄影师"偏红"的要求不会走火入魔，以免使观者有意识地去想其中的性暗示。

市场上有一些新产品能产生性唤起时肌肤发亮的效果，供人们在私下使用。恋人可以用各种稀奇古怪的化妆品，以使自己貌似或感觉像是深度性唤起时的样子，仿佛在前戏之前就快到性高潮了。比如，"爱欲泡泡"就有罐装的喷剂。喷在肌肤上时，它像剃须霜；揉在肌肤上时，制造商声称，它可以使肌肤"呈现神奇的光亮"。更色情的产品用花哨的品名"狂喜油"，亦名"豪华润肤油"，广告词吹嘘："神勇、粉红、温热的肌肤涂抹剂……使肌肤光滑、性感，渗入肌肤，闪亮持久。"这就是露骨的性唤起信号——红晕、光滑、闪亮，再次模拟性唤起时充血和出汗的样子。

肩头。上文已经提到女人圆润的肩膀，但男人宽阔的肩头也值得在此一谈。在青春期，少年的肩头加宽，这成为他重要的第二性征。少年肩头的加宽远远超过少女，成年男子和女人相比，真可谓虎背熊腰。和其他的性别差异一样，肩头轮廓的差异也以各种方式人为地夸大了。从古到今，男装都要加垫肩，使之宽大，更显阳刚气。军人的肩章是极端的例子，不仅使肩膀更宽，而且使之更方正。如此，男人宽阔方正的肩头和女人窄小而圆润的肩膀相比，反差就更加强烈了，男人的肩头完全失去了半球形的视觉特征。

颌骨。头部有一些性别差异，首先是颌骨和下巴的差异。相比而言，男人的颌骨和下巴比女人发达。不知什么原因，很少有人谈起这一事实。然而，男扮女装或女扮男装惟妙惟肖时，总有一个使其败露的线索，那就是男女颌骨和下巴的差异。男人可以用衬垫的办法来模拟女人的曲线，可以剃掉体毛，可以浓妆艳抹，可以注蜡形成假乳。表现出女人的万种风情后，他还可以勾引外国水手，但在交易的后期却会败露，水手发现，卖淫的"女人"并非令他心动的"她"。即使最成功的男扮女装者对自己的颌骨和下巴也无能为力，除非他动大手术。除非他凑巧长着异常的尖下巴，他总是要露马脚的，明眼人一看就知道，长方下巴的必然是男人。

有些种族尤其是远东的种族，男人的下巴并不那么方正，耐人寻味的是，他们的胡须也不是那么浓密。看来，这两种特征有联系。无论是哪种性别，向前突出下巴，都是一种进攻性动作，是一种向前推进的意向性动作。这与温顺地鞠躬时的俯首相反。可以说，男性有一个更有力的下巴，能表现出一种永久的自信。这一点很重要，因为事实证明，下巴向后缩的男性有时会被嘲笑为"没有下巴的奇物"，这意味着他们缺乏正常的男性自信。

因为我们这个物种最明显的男性特征之一就是拥有胡须，这很有可能是突出的下颌为胡须提供了坚实的骨床，两种特征的结合产生最大限度的威猛的前突。人类特殊的下巴在此很重要。和灵长类动物不一样，解剖学家认为，我们外突的下巴没有内在的功能。过去有各种说法解释这一特征，将其与腭肌与舌头的特性联系起来考虑，但这一切理论近年来都被推翻了。如今，人们首先将其视为一种信号特征，它突出男人的胡须，显示自信。

面颊。沿着面孔往上，避开业已介绍的嘴巴，我们就来到面颊。面颊最重要的信号是红晕，即血管收缩引起的皮肤充血。红晕总是从最明显的面颊开始，然后扩散到整个面孔和脖子，有时扩散到上身。女子尤其是女孩子脸红的现象比男子更常见，脸红的同时，肌肤因充血而肿胀发光，即使黑人脸红时，皮肤的光泽也一望而知。各个人种都有脸红的现象，即使聋哑人也脸红，可见它是人类基本的生物学特征。达尔文用整整一章的篇幅写脸红的现象，其结论是：它反映羞怯、惭愧或卑谦，显示"注意个人外观的意识"。脸红有性的意义，有证据显示：古代奴隶市场上被贩卖到后宫的女奴如果脸红，卖出的价钱就高于不脸红的女奴。无论是否有意，红晕是邀请亲密行为的信号，而且是强有力的信号。

眼睛。眼睛是人类最重要的感官。眼睛观看上文介绍的各种信号，同时也发出一些信号。面对面交流时，我们都反复进行或暂停目光接触，我们看对方情绪的变化，又避开其目光，以免看得太久使人觉得构成威胁。然而，恋人长时间含情脉脉的对视却不会使人不安，不会有攻击性。恋人深情对视有特殊的原因。在强烈愉悦激情的影响下，我们的瞳孔异常大，中间那一小点变成一个黑色的大圆盘，无意之间向爱人发出强烈的信号，表明爱意的深沉。这一事实最近才被科学地研究过，但这一现象几个世纪以来已经为人所知。古代的意大利美女用颠茄水滴眼睛以放大瞳孔。现代广告人用类似的手法，只是不用颠茄液，而是用墨水来修饰模特女孩的照片，以特大的瞳孔使之更加迷人。

激情澎湃时眼睛的另一种变化是眼泪的增加。深情相爱时不会泪眼婆娑，但眼睛会湿润而闪光。这是炯炯发光的恋爱中的眼神，加上放大的瞳孔，爱恋的信号就毫无疑问了。

眼睛的各种动作也吸引亲密行为。除了著名的挤眉弄眼之外，眼珠的转动在有些文化里也是直接的性邀请信号。女性低垂的目光也传递羞怯的讯息，男人眯缝的眼神也可能表现出对女人的兴趣。初次邂逅时，凝视的目光稍久是常见的现象，这样的凝视可以产生影响，成为暗示，表示可能会多看几眼。

有时，女人用睁大眼的凝视表示亲热的意向，与之相伴的是眨眼。英语眨眼的动作"bat"和振翅的动作"bate"有关；至少在英国文化里眨眼是非男性的眼神，有时男性用这一眼神来模仿并讥讽女性。也许，由于眨眼本质上是女人的眼神，所以女人费尽心思去夸张这个动作。起初她们用的是睫毛油，20世纪60年代发展到纤长的人造睫毛，用来粘贴在睫毛上。今天，光一家公司就生产15种睫毛："小束星光丝"能"使眼睛睁大"，"蓬松睫毛"能"放大小眼睛"；这两种人造睫毛是粘在上眼皮的，其他有色情含义的人造睫毛还有"集束睫毛""天然绒睫毛"和"超级刷形睫毛"。粘在下眼皮上的人造睫毛则有"使眼睛又大又明亮"的"翼状睫毛"。正如其他部位一样，凡是能借以发出重要女性信号的手段，女人都要充分利用。毫无疑问，夸大睫毛信号的这个新潮流能够使太平洋特洛布里恩岛上多情的男子大饱眼福，他与恋人做爱时情不自禁要咬掉女人的睫毛。所幸的是，岛上女人的睫毛再生得很快，即使在不被咬掉的情况下，每一根睫毛的寿命也不过三个月。

眉毛。眼睛的上方有一对眉毛；除眉毛外，额头就光洁无毛了，这是人类的特征。过去有人说，眉毛的功能是防止汗水流进眼睛，其实，其基本功能是表示情绪的变化。恐惧、惊讶时，眉毛上举；愤怒时，眉毛下垂；焦虑时，眉毛紧锁；疑问时，眉尖上翘；友好地表示赞同时，眉毛迅速上下闪动。

相比而言，女人的眉毛纤细而稀疏。这又是可以通过夸张使女人更女人的部位。眉毛常常被拔掉以便更加稀疏。20世纪30年代的时尚是只留一条细线，状如铅笔画的线条。此前，更极端的是日本新娘剃掉眉毛的风尚。

这一细小的修饰本质上有性暗示，这可以从一件事情得到证明。1933年，一位女孩子到伦敦一家医院应聘护士，除了其他忠告之外，护士长警告她，不允许再拔眉毛。她到伦敦郡政厅去投诉，请求对护士长予以谴责，但被驳回。于是，医院的病人有幸免于受到无眉毛性感的刺激，就这样，走廊里来来往往的都是不加修饰的护士。

面孔。离开面孔前，与其审视其细部，不如整体上看看它更有价值。无疑，这是人体最富于表现力的部位，面孔能够用复杂的表情发出多样而细腻的情绪，多得令人难以置信。通过肌肉的收缩，尤其嘴巴和眼睛周围肌肉的收缩，我们可以发出任何信号，喜怒哀乐、七情六欲，无所不能。作为吸引亲密行为的手段，面部表情至关重要。温柔莞尔的面容、警觉和激动的面容有强大的吸引力。失落、无助或痛苦的面容可能会使我们趋前去进行安慰。紧张、紧绷或气愤的表情效果刚好相反。这是常识，但面部表情里一个有趣的长期效应值得我们予以简短的评述。

说到面部表情时，我们区分公开的（on-face）表情和私下的（off-face）表情。台面上的表情是社交表情。我们说"露出愉快的表情"，或"装出满不在乎的样子"，我们还避免在公共场合"丢脸"。我们想要表示友好时，脸上就露出温和、微笑的表情。反之，在比较庄重的场合，我们就露出庄重、自负的样子。然而，一旦独处，无人看见时，我们的表情就不再担当重任。那时，我们就回归典型的反映长期情绪的面部表情。在社交派对上，即使基本情绪焦虑的人也要做出高兴的样子，他们要在私下场合才回复到那紧缩的眉头，露出真实的情绪；当然，那不是在向他人展示，而是在对自己展示。（除非在镜子里看见了自己的愁容，连他自己也不会意识到这一变化。）基本上幸福和满足的人，在葬礼上尽力露出悲伤和庄重的表情，回家独处时就放松下来，嘴唇不再绷紧，眉头不再紧锁了。

我们大多数人的长期情绪会有所变化，我们的面部肌肉不会长期锁定在私下里特定的表情中。我们可能会在早上感到压抑，但是到晚上又高兴起来，我们独处时的面部表情就会相应地变化。但对长期私下里焦虑、压抑和气愤的人而言，情况就截然不同了。他们面对的危险是：私下里的面部表情完全固定下来。在这样的情况下，面部肌肉似乎就铸就在一个基本表情的模子里了。额头、嘴角、鼻子两边的皱纹几乎就永不消退了。

如果生活方式根本改变，这种私下场合爬上脸的皱纹还会维持多久呢？这个问题还不清楚。如果生平一直焦虑和担忧，即使突然过上了满意的生活，那些皱纹也不会一夜之间消失。如果这一令人高兴的转折发生时已经有一把年纪，那些皱纹就永远不会消失了。毫无疑问，在这些情况下，即使这张苦脸承载的讯息早已消失，苦脸本身仍迟迟不会消失。就我所知，有关这类苦脸究竟要稽留多长时间的研究至今无人问津。

顺便说明，以上有关脸上皱纹的论述同样适用于一般的体态。体态有萎靡和机敏之别，亦有僵硬和柔韧的差异。同理，我们能够调节肌肉的紧张度，以匹配我们在社交场合的情绪，但正如脸上的皱纹一样，持久而极端的生活境遇使人的体态定型，即使想改变也难以做到。耸肩弓背的习惯可能会成为永久性驼背，即使成了百万富翁也直不起腰了。僵硬的步态可能会伴人终身。

头发。最后讲人体的至上荣光，那一头浓密的头发，约 10 万根。有些种族的头发卷曲；有些种族的头发又长又直，随风飘逸。头发每年大约长 5 英寸，每根头发的寿命是 6 年，到时脱落，长出一根新发取而代之。这就是说，不修剪的头发会长很长，直达臀部；遥想当年不断发的原始人，和其他物种相比，他们的外观是多么无与伦比啊！我们的体毛业已退化，远处看不见，而我们的头发却在疯长。

年长的男性有许多会谢顶，女性却不会；除此之外，男女两性的头发没有区别。从生物学上讲，男女都长头发，这一特征是物种信号，而不是性别信号。从文化上看却是另一回事。头发经常修整，成了性别符号。有时，男人的头发比女人长，不过一般情况相反。千百年来，男性断发的目的是防止长虱子，凶狠的士官骂士兵的长头发是"虱子爬的梯子"。自古以来，女性的头发都相当长；在长短之间波动并走极端的是男性的头发。古代有时出现过男性蓄长辫子的习俗，其遗存见于今天英国法官的假发。然而一般地说，近代以来，长发始终和女性联系在一起，所以，当男性蓄的长发接近于自然长度时，会被错误地认为是女性化的。在过去 10 年里，这一情况出现了戏剧性的变化，年轻男性的长头发似乎在重申头发那种非性别的本色。具有讽刺意味的是，虽然现代的卫生条件使长头发不再有长虱子的风险，但带头蓄长发的却是不讲卫生的嬉皮士。

从古至今，头发的梳理、清洗、抹油伴随文化发展，始终是性别信号。古代城里人和现代都市人一样，想方设法获得令人满意的美发效果。已知最古老的生发剂用这样的配方："狗爪一份，枣子一份，驴蹄一份，伴油，炖烂。"今天，闪亮、飘逸的长发几乎是每一位姑娘的理想；正如广告商不厌其烦反复灌输的那样，"灰暗单调、毫无生气"的头发使姑娘失去了诱人亲密交往的机会。

在以上的大规模巡游中，我们注意察看了人体各部位发出的信号，但我们还需要从整体上观察人体。人体部位不再单独展示，而是同时展示，以组合的方式在具体的语境中观察。它们组合的方式千差万别，其语境变换多样，才使得社会交往如此繁复多彩、令人神往。每当我们步入一间屋子、走在一条街上时，我们都在发出大量的信号，有些是纯生物学信号，有些是经过文化修整的信号，但我们并非总能意识到这一事实。此外，我们经历许多社会交往时，总是在用无数细腻的方式去调整这些信号。然而几乎无一例外，我们总是努力发出一套平衡的信号，有些是在吸引亲密行为，有些又是在排斥亲密行为。偶尔，我们在其中一个方向上走得比较远，或明白无误地发出邀请，或以敌视的信号排斥周围的人。

本章概览吸引性亲密行为的各种信号，从头至尾讲述的都是极端的例证。我挑选的都是最生动的例子以强调说明我的论点。遮阴袋、紧身胸衣和硬肩章似乎与今天一般男人普通的性感信号相去甚远，然而它们还是有助于我们注意不那么夸张的手段，比如紧身裤、皮带和垫肩，这些普通的手段用得更广，却不那么引人注目。与此相似，肚皮舞可能只是一种色情的娱乐形式，但介绍它有助于我们理解不那么极端的舞蹈形式——成千上万的普通女孩子晚上在派对和迪厅里跳的舞。

　　作为成年人，无论我们是否煞费苦心去改进并展示我们的性感信号，或者对这样的展示漠不关心，无论我们是否借助人工辅助手段（不用一些的人少之又少），或者鄙视这些手段，喜欢更"自然"一点的方式，我们所有人都在随时随地向周围的人发出一套复杂的视觉上的性感信号。其中的许多信号和我们成人的性征有关；即使我们对自己的所作所为浑然不知，我们也从未停止"阅读他人发出的信号"。如此，我们准备迈出重大的一步去参加社会交往，这一步使我们主动尝试去接触一位潜在的性伙伴，使我们迈过一道至关重要的门槛，进入那个复杂的性亲热的世界。

第三章

两性亲密行为

儿童在成长过程中发现了自己的身份，他必然会排斥温柔母亲的怀抱。进入青年期，他就独立了。在婴儿期，他对母亲的信赖是无限的。成年以后，他与其他成人的关系、他与别人的亲密行为都是非常有限的。和其他成人一样，他也与人保持距离。机敏的警戒取代了盲目的信赖，独立取代了依靠。婴儿期温柔的亲密行为让位于童年期欢乐的游戏，继之而起的是成年期困难的社会交往。

　　不可否认，这样的社会交往是激动人心的。有事物去探索，有目标去追求，有地位去争取。但婴儿期得到的一切爱抚到哪里去了呢？爱是给予的行为，是毫不怀疑地把一切奉献给另一个人，然而，成人的关系并不是这样的……

　　到此为止，我的话既适合成长中的人，也适合成长中的猴子，但讲到这里却有了差别。如果是成年雄猴，它绝不可能再去重温由爱的纽带缔结的全身心的亲密行为。直到死亡那一天，它将生活在敌视与合伙、竞争与合作的了无爱意的世界里。如果是成年母猴，它终将重获施爱的机会，这是母亲对自己幼崽的爱，但和成年雄猴一样，它不可能再与另一只成年猴子缔结爱的纽带。亲密的友谊是有的；合伙关系是有的；短促性邂逅也是有的；但全身心的亲热断不可能再有。

　　然而，成年人却可以缔结爱的纽带。他可以和一位异性形成有力而持久的依恋关系，这是远远超越合伙关系的爱的纽带。人们常说："婚姻是合伙关系。"这是对婚姻的侮辱，完全误解了爱的纽带的本质。妈妈和婴儿不是"伙伴"。婴儿信赖妈妈并不是因为她喂养它、呵护它；婴儿爱妈妈因为她是妈妈，而不是因为妈妈所做的一切。合伙关系只互相施惠；伙伴不会为了给予而给予。但一对恋人的关系就像母子关系。完全的信赖关系建立起来了，同时全身心的亲密关系也建立起来了。真正的爱情里没有"给予和索取"的双向问题，它只讲给予。事实上，"双向的给予"遮掩了这一点，但"双向接受"不可避免地由此产生，但"双向接受"不是"双向给予"的条件，就像在合伙关系一样，它只不过是令人愉快的副产品而已。

对小心谨慎、精打细算的成人而言，步入爱情关系似乎是危险的事情。成人对"松手"和信赖的抗拒是异常顽强的。爱情打破一切讨价还价的规则，而讨价还价的规则是他在其他一切成人关系里习惯成自然的规则。没有大脑低级神经中枢的帮助，大脑高级神经中枢是不会允许爱情关系的。然而在人类身上，这样的帮助直达高级神经中枢，而且我们常常不顾一切理性地堕入情网。对一些人而言，恋爱的自然过程被压制了；即使他们缔结婚姻或类似的关系，他们仿佛将其视为商业交易：你看孩子，我挣钱。遗憾的是，在我们拥挤的人类动物园里，这种"买婴儿""买地位"的现象司空见惯。配偶关系的维持不是靠内心的依恋纽带，而是靠社会传统的外在压力。这就是说，在他们的脑子里，夫妻爱情的自然潜力还有待开发，还可能在不经意间产生飞跃，形成真正的爱情关系，在字面关系的纽带之外去缔造真正的爱情。

对幸运者而言，这种曲折的过程不会发生。作为年轻人，他们难以自拔地陷入情网，缔结了真正的依恋纽带。这是一个渐进的过程，虽然表面上看并非总是渐进的。"一见钟情"是流行的观念，但这一说法往往是回顾爱情时才作出的判断。真正发生的关系并不是"一见面就产生完全的信赖",而是"一见面就产生强烈的相互吸引"。从初期的吸引到终极的信赖几乎总是漫长而复杂的过程,其间的亲密程度逐渐增加。我们现在要考察的就是这个渐进的过程。

为此目的,最简单的办法是找西方文化里一对"典型的恋人",追踪他们从第一次见面到最后结成配偶、完成性交的全过程。期间,我们必须随时牢记,现实生活中根本就没有"典型的恋人",就像没有"一般公民""一般的街上人"一样。但着手研究之前想象存在这样的恋人,然后再去考虑其变异情况,那倒是有好处的。

一切动物的求偶模式都可以归纳为一个典型的过程,人类的求爱过程也不例外。为方便起见,我们把这个求爱过程分解为 12 个阶段,看看每成功跨越一道门槛时究竟发生了什么事情。这 12 个阶段(显然过分简约)依次介绍如下。

(1) **眼对身阶段**。最常见的社会"接触"形式是隔着一段距离看人。刹那之间,我们尽可能估计了一位成人的身体情况,给他贴上标签,在脑子里给他评定级别。眼睛立即给大脑提供讯息,大脑对这个人的性别、个头、年纪、肤色、地位和情绪作出估计。同时在从极端吸引人到极端令人厌恶的尺度上进行评估。如果信号表明,那个人是有吸引力的异性,我们就准备进入下一个阶段了。

(2) **眼对眼阶段**。我们看别人时,别人也在看我们。有时这就意味着,我们的目光不期而遇,此时,一般的反应是移开目光、中断目光的"接触"。当然,如果看清是熟人,我们的"接触"就不会中断。在这样的情况下,我们立即互相招呼,比如对视而笑,眉毛一扬,体态随之一变,挥挥手,接着就说话。相反,如果我们看到的是陌生人,迅速移开目光就是通常的反应,仿佛是要避免侵犯他人的隐私。

如果其中一人还在看，另一人可能会感到很难为情，甚至很生气。如果有可能避开陌生人的注视，即使对方的面部表情或体态没有攻击性，我们也会立即避开他的目光。结果，两位陌生人一般是轮流而不是同时看对方。如果一人觉得另一人有吸引力，他或她就会在第二次目光相遇时微微一笑。如果目光得到回应，微笑也会得到回应，更亲近的接触就可能跟上。如果没有回应，以漠然的表情对友好的微笑，那就会阻止进一步的接触。

（3）**话对话阶段。**如果两人对视而微笑，但没有第三人介绍，下一步就是男女陌生人开始说话。起初的话必然是无关紧要的小事。在这个阶段，直接提及情绪的话是很罕见的。此时的寒暄使双方接受另一套信号，是耳朵而不是眼睛接收的信号。方言、语气、口音、思路和措辞使一整套新的讯息进入大脑。如果这套新讯息不吸引人，如果交流维持在无关紧要的寒暄水平，那么，尽管最初的视觉信号有吸引力，任何一方都可以退出而不做进一步的交流了。

（4）**手对手阶段。**前三个阶段可能同时在瞬间发生，也可能要花几个月。一位潜在的伙伴远远地、默默地欣赏另一人，但没有勇气说话时，这三个阶段的时间就很长。手对手这个新阶段有可能很快发生，其形式就是握手，但握手这一步也可能推迟很长一段时间。如果程式化的、不带性含义的握手没有发生，那么，初步的身体接触可能会采取伪装的形式，比如"搀扶""保护"或"指路"。一般是男士对女士帮助，搀扶着胳膊或手过马路，或越过障碍物。如果她可能撞上障碍物或危险的地方，男士就可以抓住机会迅速出手，扶着她躲避或停步。如果她脚下一滑甚至摔倒，双手搀扶也促成初次的身体接触。和上一个阶段一样，和这种邂逅的情绪无关紧要的动作是至关重要的。即使男士帮助她时触摸到她的身体，双方都可以退出交往而不会丢脸。女士可以感谢男士，随即离去，她不会断然拒绝帮助。双方也可能很清楚，一个行为链刚刚开始，有可能导致最终的密切交往，但谁也没有公开点明这一事实，所以，双方都有时间退出，并不会伤害对方的感情。除非宣告了日益增进的关系，握手或搀扶的动作才会延长。那时，那样的动作才不会是"搀扶"或"指路"，而是不必掩饰的亲密行为了。

(5) **臂搭肩阶段**。至此，两人的身体并没有密切接触。一旦密切接触，另一个重要的门槛就越过了。无论是坐着、站着或走路，身体侧面的接触表示关系有了重大的进展，跨越了初期犹豫不决的身体接触。最初的做法是手臂搭在肩头上，一般是男人的手臂搭在女人的肩头上，使两人靠近。这是最简单的上体接触，因为纯朋友关系也有这样的上体接触，那是没有性含义的伙伴关系。因此，这是最简单的下一步接触，最不可能碰钉子的动作。挽着肩膀走可能有一丝暧昧的气息，介于亲密友谊和爱情的关系之间。

(6) **臂挽腰阶段**。比上一个结果前进一小步的动作是用手臂挽腰。无论多么友好，男人绝不会揽另一个男人的腰。这是直接表示爱恋行为的宣示，而且，他的手很接近她的会阴了。

(7) **嘴对嘴阶段**。亲吻加上面对面的拥抱前进了一大步。如果亲吻和拥抱的时间长或反复进行，这就是很容易出现性唤起的第一个阶段。女人会感到阴道分泌物的涌动，男人的阴茎有可能勃起。

(8) **手对头阶段**。这是上一个阶段的延伸，双手捧起对方的头。手指头抚摸对方的面部、脖子和头发。双手抱对方的后颈窝和头部两侧。

（9）**手对身阶段。**亲吻阶段之后，双手开始在对方的身上探索，捏压、抚摸、拍打。这时迈出的一大步是男人摸女人的乳房。随着探索动作的深入，进一步的性唤起发生，达到高潮。到这个阶段，女人一般会叫停。进一步的发展意味着，如果不完成性交，打破这一模式会越来越困难；如果依恋关系尚未达到充分的互相信赖，进一步的性亲密行为就会被推迟。

（10）**嘴对乳房阶段。**翻过这一门槛后，双方的互动具有严格的隐私性。对大多数恋人而言，私密性也适用于手对身探索的阶段，在手摸乳房时尤其需要私密，但长时间的亲吻和身体的抚摸在有些情况下的确发生在公共场合。这样的举动可能会引起其他人的非难，不过，在大多数国家里，很少有人会一本正经地阻止恋人长时间的亲吻和抚摸。然而，如果发展到亲吻乳房，那就是另一回事了。即使仅仅是因为袒露乳房，也会受到旁人的干预。亲吻乳房是生殖器亲密接触之前的最后一个阶段了，这不仅是性唤起的前奏，而且是通向性高潮的前奏。

（11）**手对生殖器阶段。**如果手探索对方身体的动作继续下去，那就必然到达会阴部。起初是轻轻地抚弄，接着发展到有节奏地摩挲，引起骨盆的耸动。男人反复摩挲女人的阴唇和阴蒂，也许会将一根或几根手指插进阴道，模仿阴茎的插入。这样的动作很快就导致双方的性高潮，这是恋人在性交前达到性高潮的常用形式。

（12）**生殖器对生殖器阶段。**最后这个阶段是充分完成性交的阶段。如果女人是处女，这个性交动作里第一个不可逆转的动作是处女膜的破裂；另一个首次不可逆转的结果是受孕。这种不可逆转把亲密行为的最后一环推进到一个全新的水平。此前的每一个阶段对加强依恋纽带起到一定的作用，但在从生物学意义上来看，这最后的性交动作显然和此前的亲密行为固化了依恋纽带有关系，所以，性高潮使性驱力释放以后，这对性伙伴还想维持关系。如果依恋纽带还没有固化，女人就可能发现：她怀孕了，却没有一个牢固的家庭。

以上是青年男女配偶形成中的12个典型阶段。在某种程度上，它们是由文化决定的，但在更大程度上，它们却是由身体结构和性生理决定的，这是人类所有成员共同的特征。在某些方面，文化传统和常规与异常个体的特殊性引起的变异会对这12个阶段的序列产生重大的影响。我们以12个典型阶段为背景，对这些变异进行考察。

这些变异有三种主要的形式：过程的压缩，阶段的调整，模式的细化。

最极端的形式是强奸对整个过程的压缩。在此，从第一个阶段到最后一个阶段都以最快的速度完成，中间的所有阶段都压缩到最低限度。男性看见受害者以后，直接发起攻击，省掉一切性唤起阶段，只要女性反抗无效，他就迅速进入生殖器接触的阶段，此外的身体接触仅用来从体力上压倒她并撕破她的衣服。

客观地看，强奸缺少两个重要的成分：配偶形成过程和性唤起过程。强奸犯省掉了一切中间阶段，不允许他和受害者形成依恋纽带。这样的压缩显而易见，可以用生物学的观点来解释，因为人类需要这样的依恋纽带，这是确保性交导致怀孕生子后成功育儿的保证。其他物种根本没有或很少有育儿的责任，从理论上讲，它们之中的强奸不会产生任何问题。其他物种的强奸很少发生，原因之一是，身体上达成强奸有一定的障碍。如果没有一双强壮的手，如果不用语言威胁，强奸犯是不可能达到目的的；这是人的两个优势，其他动物没有。即使其他动物表面上看似乎发生了强奸，那表面现象也是人的误解。比如，大多数食肉动物能够交配时，雄兽会咬住雌兽颈部的皮毛，仿佛是不让她逃跑；即使这样，由于雌兽不断扭动，阴茎是否能够插入其阴道还很成问题。如果雌兽不接受交配，雄兽就没有机会。表面上看，雄兽咬雌兽皮毛的动作很残暴，事实上，那只是一种特化的动作。表面上看是强奸，实际上相当于人类的温柔拥抱。咬的动作受到强大的抑制，不会伤及皮肉，这是食肉动物父母口衔幼崽迁移的动作。实际上，雄兽咬雌兽颈部的皮毛是把她当作幼崽呵护了。她接受交配时，的确像是幼崽；她全身放松，就像她呵护的幼崽一样。

倒是在人类中，强奸相对容易。倘若女子的体力不够，他可以用语言威胁伤害或杀死受害者。其他的威逼手段有：使受害者昏迷或半昏迷，或者叫其他男人帮忙抓住受害者。由于受害者没有性唤起，阴茎的插入会困难甚至疼痛；此时，他可能用油膏去替代自然的阴道分泌。对受害者而言，被强奸的过程至少是不舒服、不满意的，最严重的是身心创伤。除非两人认识，除非女人有强烈的受虐狂倾向，否则强奸是不可能产生任何情感依恋的，因为暴力把正常的形成配偶关系的 12 个阶段压缩掉了。

我用了比较长的篇幅来谈强奸，因为这和另一种形式的性过程压缩有关系，这是我们文化中更为普遍、更加重要的形式。为了突出其和暴力型强奸的强烈反差，我们不妨称之为"经济型强奸"（economic rape）。和暴力型强奸不同，"经济型强奸"不会发生在废弃的房屋里或潮湿的草丛中，而是发生在装饰华丽的闺房或舒适的卧室里。这是出于经济利益而缔结的婚姻之下的没有爱情的性事，夫妻的结婚和房事没有一点点真正的依恋纽带。

在过去的千百年来，父母包办的门当户对的婚姻司空见惯。今天，包办婚姻日益罕见，但它在子女心灵上留下的创伤更加挥之不去。子女在成长过程中目睹父母没有爱情的关系，成为性能力有残障的人，他们不能充分表达人类爱恋典型的全过程。他们的性器官结构完整无恙，但性生理的唤起不足；由于成长氛围的影响，他们不能把性行为的生物学特征和深刻而持久的依恋关系联系起来。等到他们谈婚论嫁时，他们难以缔结成功的配偶关系，但社会压力迫使他们尝试谈婚论嫁；和他们受伤害一样，他们的子女也重蹈覆辙。这样的后果余波未了，难以根绝。即使包办婚姻正在减少并成为历史，旧文化的干扰对自然恋爱过程造成的损害也罄竹难书，至今余毒未消。

　　当然，就压缩性关系的 12 个阶段而言，"经济型强奸"不如暴力型强奸那样极端。表面上看，它很像完整的 12 个阶段模式，男女双方都逐一"经历"各个阶段，直到同房。但如果细察其间的行为，我们就会发现，各个阶段的强度、持续时间和频率都被压缩了。

　　首先看那种经典的例子。青年男女被两个门当户对的家庭硬拽到一起。在过去的时代，他们婚前的求偶阶段只不过是几次短促的拥抱和接吻，加上冗长的交谈。然后，在对彼此身体和性情绪知之甚少的情况下，他们就被推上了婚床。新娘得到的忠告是，新郎不得不对她做那些恶心但必需的事情，那是为了民族繁衍人口，新郎做这些事时，她要"躺着不动，心里想到英格兰"。至于新郎，临到头才有人三言两语告诉他女人的身体如何如何，要他手脚轻一点，因为他进入新娘身体时，她会出血。新人就带着这点可怜的讯息履行他们的性义务，尽可能简单了事，匆匆完成，只有最低限度的愉悦舒适和情感纽带。新娘罕有性高潮。新郎的感觉是，新娘好像是一块没有反应的木头，新娘的阴道像他自慰的手。在公开的社会生活中，自然有人告诉他们一套规则，促使他们做出相亲相爱的样子。但公开场合的亲热受到严格的限制，礼仪书上都有准确的描绘和规定，其效果是，你无法区分真正的恩爱夫妻和假装的恩爱夫妻。的确几乎无法区分，但并非完全无法区分。问题是，对子女而言，父母的真假恩爱是容易区分的，而且容易得令人痛苦。这是因为他们的脑子里还没有塞满礼仪书里那些详细的规定，他们凭直觉就可以区分父母真假恩爱的程度，于是，身心的创伤就传给下一代了。

在 20 世纪后半叶的今天，这样的描述似乎有点怪诞；如果是这样，那不是因为这种婚姻不再发生，而是因为它们不如以前那样明目张胆。强装的恩爱秀更多，但表象毕竟是假象。今天的父母不像昔日的父母插手儿女的婚姻，这就容易掩盖真相。现在是配偶的一方或双方以经济为基础去构建婚姻。诚然，在婚纱背后，新娘的嘴唇还在说"我爱你"，但那并不带感情；她忙于计算离婚以后的赡养费。她身旁的男人心不在焉，并不是沉浸在浪漫的梦幻中，而是在盘算新娘在社交时给他的同事留下多深刻的印象。应当承认，新婚之夜的新娘不再躺着不动，不会去想新婚之夜的一切。相反，她在检查他们达到性高潮的频率，而她检查的标准则是他们这个年龄段、教育水平、种族背景和都市背景的人的全国平均水平。如果他们达不到平均水平，她就会请私家侦探去查，丈夫把达不到每周 1.7 次的性高潮的性能力放到哪里去了。同时，丈夫在进行的计算是：晚上他能喝几杯，酒精多少度，才不至于影响他当晚的性能力，阴茎是否能勃起坚挺并顺利插入阴道。在现代都市生活中，诸如此类甜蜜神奇的美梦实在是数不胜数。

我们考察了性行为12个阶段压缩的情况，从强奸到包办婚姻再到所谓现代的"荡妇/淫棍"婚姻。上文最后一例中，夫妻对性高潮的痴迷似乎是一种新的动态，它使我们远离性行为过程被省略和压缩的情况。实际上，这种痴迷似乎摇摆到了另一个方向，偏向了性行为过程的精致化，而不是性行为过程的压缩。不过，这个问题并不简单。基本上，在"性自由"的新动向里，人们过分强调性行为的后期阶段。这个过程的精致化集中在末端即性交那一端。求爱模式对形成配偶关系曾起到至关重要的作用，但在这个新动向里，求爱模式非但没有精致化，反而被压缩和简化了。这一新趋势是如何发生的，这个问题值得研究。

在过去的数百年里，求偶阶段在时间上是延长的，但烈度受限。强调的是服从正式的规矩，一板一眼不能变，对情感的影响就大大减少。婚后，愚昧和反性爱的综合因素使性前和性交的活动模式严重受阻。男人靠妓院和情人解决性需求，女人大体上根本就不解决这方面的问题。到20世纪上半叶情况才有所变化。父母的控制放松，性教育严肃开展，介绍"婚后爱情"的书籍出版。结果，年轻人获得更大的自由去寻觅适合自己的伴侣，能够去从事不那么程式化的追求，女孩子不必再有监护人陪伴。身体接触的规矩放松，实际上性亲密行为的各个阶段都得到允许，只是不包括最后那个生殖器对生殖器的阶段。然而，人们仍然希望，婚前活动的时间尽量长一些。最后结婚时，婚床上的新人对彼此的身体情况和情绪特征已经有了相当的了解。有效避孕措施已经出现，加上新的性知识，性快乐就不太受限制，性生活也比较令人满意了。

这个时期有一个趋势，婚前的恋人沉溺于长时间的拥抱亲吻。人们的想法是，年轻人可以走到这一步，但不能再进一步；从理论上讲，这个想法是对的，但做起来难。道理显而易见。和过去时代的年轻人不同，他们被允许去体会求爱的阶段，也就是形成依恋纽带但不会产生强烈性唤起的阶段，而且他们还可以进入性前爱抚的各个阶段。性前和性交半途的标记是嘴对嘴的亲吻。一般的亲吻令人愉快而且形成依恋的纽带，但强有力的反复亲吻就会开启性交前的性唤起。

这就给年轻恋人带来了新型危机。长时间的亲吻导致男性长时间的阴茎勃起和女性长时间的阴道分泌。接着发生的事情有三种可能：一是根据"正式规则"踩刹车而深感受挫；二是继续进行非性交的性行为直至双方达到性高潮；三是打破规矩完成性交。倘若他们用第二种办法，靠手淫和抚摸而达到性高潮，而且长期维持这样的习惯，那就有一种危险：这种性高潮模式在他们的性关系中会获得重要的意义，给他们婚后完成性交造成困难。如果他们选择打破规矩的第三种方式，那就会产生内心愧疚和对人保密的问题。尽管有这些困难，持久的婚前阶段还是有助于形成强有力的依恋关系；和以前那种严格受限的求偶行为比较，这种长期的"拥抱亲吻"阶段还是值得赞许的。

接下来的晚近时代产生了一种新的变化。虽然正式的态度和以前相同，遵守规矩却不如以前严格。避孕术进一步改善以后，童贞对许多女孩子就失去重要意义了。以前万般无奈才打破的无性交规矩，如今普遍被忽视。童贞不但不被珍惜，反而成了污点，说明性经验不够。即使父母不接受，婚前性交也成了年轻恋人接受的模式了。这一现象之普遍超过了有些人愿意承认的限度，结果，恋人们不再经历前人那种"只亲吻的挫折感"，也不会遭遇手淫固化的危险。相反，他们的求爱活动自由发展，走完性活动那 12 个阶段，不会产生不必要的延迟。

如果采用性病预防措施，有有效又方便的避孕手段，这种新情况有什么危险呢？答案如有些人所预见的，那就是"性高潮的暴虐"；放任的态度瞄准最大限度的性满足，社会的压力造成了这样的"暴虐"。对真情相恋却不能达到印象深刻的性高潮的人而言，这种新情况就是威胁。

严格地说，这样的批评有一点短视。我在上文提到对性高潮频率的痴迷，但那是无爱婚姻——"经济型婚姻"和门当户对婚姻——中的现象。在那里，正如我指出的，那种婚姻里的女人如果性能力不达标，她可能会觉得自己失败了，因为她在性生活中关心的是自己的身价。然而，今天两情相悦的恋人禁不住要嘲笑那些不是出于爱而拼命追求床上功夫的人。正如历史上任何真正的恋人一样，今天的恋人觉得，心上人的面颊贴一贴胜过 37 种性交姿势，比长达 6 个小时的"搏杀"更有价值。从古至今，恋人同心；不过，今天的恋人还有一个古人不曾享受的优势：如果情况允许，他们并不限于面颊贴一贴。他们能够充分享受彼此的身体，既可以尽情欣赏，也可以不去触摸。如果缔结了强大的依恋纽带，重要的是性生活的质量，而不仅仅是性生活的频率。他们认为，新的习俗允许他们尽情享受，但并不是像有些批评者想象的那样，新习俗使他们耽于床笫功夫了。

批评者的另一点疏漏是认为，堕入情网时，年轻人不想省略性过程 12 个阶段中的初期阶段。其实，他们并不会因为世风允许性交就放弃起初那个手拉手的阶段。而且，当他们的恋情发展到最后阶段时，他们会顺其自然地享受性高潮的快感，不太可能会遭遇什么困难。他们的恋情烈度是这种享受的自然保证；他们不必求助无处不在的性手册里那些五花八门的"拼搏"姿势，照样可以一次又一次享受性高潮的快感。

也许，今天享受性自由的年轻人面临的最大危险是经济问题，他们仍然生活在复杂的、以经济为基础的社会里。经济问题在过去的婚姻中非常重要，其实并非偶然。以前，经济问题的安全阀门是对早期阶段性行为的严格限制；性亲热受限，但社会地位得到保证。如今，性亲热可以尽兴，但年轻恋人的社会地位却成了问题。一对 17 岁的恋人，已经性成熟，且已形成强有力的依恋关系，也能够充分享受性生活，但在现代经济条件下，他们哪有钱安家呢？无非有两种可能：一是在社会边缘耐心等待；二是"退出"世人接受的社会模式。选择是很艰难的，问题还有待解决。

讨论性过程被压缩的情况时，我们遇到了这个很艰难的选择。年轻的恋人充分享受了性过程的 12 个阶段，但要忍受相当大的社会问题；现在我们离开年轻的恋人，回头再看性过程被压缩的种种现象。没有爱情、性生活活跃的人又是一番什么样的情况呢？上文讲述了强奸犯，也介绍了性压抑的夫妻，他们把性交阶段压缩到生孩子的最低限度。今天，没有爱情的性"健将"又如何呢？他们如何压缩典型恋人的那套性行为程序呢？对他们而言，生殖器交合的后期阶段并不是模式的顶点，而是取代顶点的手段。过去，这是男人嫖妓时发生的事情。没有牵手，没有拥抱，没有呢喃，没有任何亲热，只不过是草草达成的商业交易，直奔生殖器而已。我们不妨称为"商业性强奸"。过去，这常常是年轻人首次尝试性交的地方；今天，这种职业的性服务不再是必不可少的需要。取而代之的是所谓的"睡在一起"（sleeping around）。在这种情况下，性过程的初期阶段也大大压缩了，就像嫖妓时的草草收场一样。一幅漫画表现一位年轻女人的感受，简明扼要地描绘了草草收场的情形，她说："男孩子根本就不想亲嘴了。"她深夜回到住处，显然经过了一番鏖战，精疲力竭，衣衫不整，但脸上的胭脂还没有人动过。

这种压缩的结果是以最低限度的结偶关系获取最大限度的性交关系。作为地位象征，这可以反复提升自我感觉，但如果作为追求强烈快感的源头，那就把性活动贬低到大小便那样的层次了。因此，对那些放纵的、无爱性交的人而言，最后发泄那个阶段的精致化是值得渴望的。如果那种事既失去了有力的个人关系，又失去了强烈的情感投入，那就必须要给它强烈的肉体报偿加码。图解性技巧手册随之登场；看看这些手册如何鼓吹，做一点分析，还是值得一试的。

从充斥市场的"指南"信手取一样本，其中必然有数以百计的照片，每张表现一对赤裸裸"做爱"的年轻人。在众多的照片中，性过程12个阶段中前8个阶段得到表现的还占不到4％。相反，82％的照片只是一览无遗地展示性交，每一本都包括30—50种性交的姿势。这就是说，绝大多数千奇百怪的性亲密行为都只展示最后那个阶段——生殖器对生殖器的阶段，非常强调12个阶段中的最后性交阶段。起初，书报审查只允许性过程的早期阶段，后来取消了审查，结果，初期阶段的亲密行为不是更丰富了，相反，照片展示的重心完全走向展示性交姿势的极端。其含意是，性交动作应该尽可能复杂多样，其他的事情一概不考虑。实际上，许多性交姿势即使不痛苦，至少也不舒服；恐怕要训练有素的马戏团演员才能够短时间维持这些姿势。书中收录这些姿势反映的倾向是，拼命追求性交的新奇姿势，以求进一步的性唤起。重点再也不是爱情，而是床第功夫了。

当然，作为性行为愉悦和嬉戏的补充，这些模式并无危害，但如果痴迷的态度取代并排斥了男女双方的情感纽带，其终极后果就是减少了男女关系的真正价值。它们可能会使性过程的某一要素更加精致，但总体上却削弱了性爱的价值。

诚然，有人需要性交的花样翻新，而不是偶尔为之的探索性嬉戏，但这些人恐怕根本就不是青年恋人。年龄稍大的人，经过了配偶形成阶段的激情，来到生活更加滋润的配偶维持阶段，他们可能会发现，性生活的新花样可能是重振激情的宝贵方式，但如果真诚相爱的年轻人觉得这种新花样有必要，那就令人奇怪了。

毋庸赘言，这并不是说，任何新奇异常的性亲密行为都应该予以谴责和压制。只要是成人自愿以私密的方式进行，而且又不伤身，从生物学的角度讲，那就不应该立法禁止，也不应该受到社会的抨击。然而，有些国家还是禁止和抨击这样的行为。一个例子是嘴巴对生殖器的接触，上文有意略去未提。原因是，这种接触并不构成从邂逅到最后性交过程中一个界限分明的阶段。绝大多数情况下，口交只在性交关系存在以后才会发生。后来，当性交成为两人关系中的常态时，口交才被当作标准的性交前模式，古代艺术和历史的证据显示，口交的现象古已有之。

现代美国人的研究显示，把口交作为性前活动一部分的夫妻约有一半。男性口交者有 54％，女性口交者有 49％。这种性行为比 11 个其他性前阶段的百分比低得多（嘴对嘴、手对乳房、嘴对乳房、手对生殖器阶段都在 90％以上），但既然口交者大约有一半，说它不正常难有说服力。尽管这个百分比不小，尽管其他哺乳类的嘴对生殖器行为也相当普遍，它还是常常被认为是"不自然"的亲密行为。犹太教、基督教经典谴责它，即使夫妻之间也不允许；在许多地方，它不仅被认为是堕落的，而且被认为是犯法的。进入 20 世纪后半叶以后，几乎美国每个州都禁止口交。具体地说，只有在肯塔基州和南卡罗来纳州，法律才不禁止夫妻私下口交。这就意味着，从技术层面上讲，一半的美国夫妻多年来在犯法。在禁止口交的州里，口交属于重罪，只有纽约州将其定为轻罪。在伊利诺伊州、威斯康星州、密西西比州和俄亥俄州，法律莫名其妙地搞性别歧视，丈夫搞口交合法，妻子搞口交是重罪。

这些奇怪的法律限制很少实施；既然广告推销阴道冲洗器都得到允许，这些法律就更显得荒诞了。不过，偶尔在离婚案的审理中，有些法官还援用这些条法，指控口交是婚姻里的"精神虐待"。还有人指出，从理论上说，这些法律可能会引起敲诈。正如上文所示，从生物学角度看，口交没有什么危害。相反，如果口交能强化性交前的情感投入，那只会加强配偶的依恋纽带，并进而巩固夫妻关系，夫妻关系在许多方面受到教会和国家法律的有力保护。

如果仔细考察人身上的这类亲密行为，我们就可以看出，关于嘴对生殖器的接触，人与哺乳类动物是有差异的。一般地说，其他动物的行为是先用鼻子闻，然后才是嘴巴亲。嘴巴有节奏的摩挲不太普遍。这种行为的意义在于获得伙伴发情的情况。和人类不同，其他哺乳类一年中只有在特定的时间里才会发情，或者在经期短暂的时间内发情。雄性先要准确了解雌性发情的状态，然后才去交配，这一点很重要。鼻子闻、舌头舔能得到重要的线索，了解到生殖器的颜色、味道和肌肤的情况。这些接触实际上对性伙伴产生的刺激大概只有次要的意义了。

人类的情况刚好相反，性器官的刺激更加重要。嘴巴亲吻性器官是用来激发性伙伴的性兴趣，而不是要了解其生理状态。因此，对人而言，有节奏的摩挲比单纯的抚弄和舔舐更重要，女人把嘴唇当作阴道，用颈子的抽动模拟骨盆有节奏的抽动。男人把舌头当作阴茎，很可能舔阴蒂，并有节奏地按压阴蒂。他也会模拟性交时抽动骨盆的动作，反复用舌头按摩女人的阴蒂。这种模拟的性交动作对男人有一个好处，他可以持久地刺激女人，而自己不一定达到性高潮。如此，他就可以补偿女人性高潮来得慢的缺憾。

　　最后这一事实无疑可以解释，为何这种性亲热男人比女人用得多。然而，相反的情况却见于黄色电影。最近有人对过去半个世纪的电影史所作的研究揭示，女人口交的镜头比男人的多。这里有一个特殊的原因。黄色电影常常是男人聚会时看的，所以常被称为"男人电影"。这种镜头和爱没有关系，观众感兴趣的是把性作为地位的象征。研究黄色电影史的人指出，涉及男人地位时，如果显示男人口交，那就是"贬低"男人，使他的体姿低于女人；如果显示女人口交"伺候"他，使他占优势，他的优越感就可以提高。在此，我们回到基本的动物行为和臣服的姿态。跪下或弯腰是臣服的动作，其生物学意义在于服从者在优势者面前的卑躬屈膝。耐人寻味的是，俚语里表示男人口交的动作叫作"蹲下"。为了舔女人的会阴，男人不得不处在低于女人的位置。无论口交时身体的姿势如何都是这样的，但女人站立时尤其明显。口交时，主动的一方不论男女都必须要跪下或蹲下，嘴巴才能够接触到生殖器，这个姿势几乎就是中世纪奴仆的姿势。难怪女人放低身子舔阴茎的姿势在男人聚会时对男人有强大的吸引力，这满足了他们展示地位的感觉。当然，恋人在私下口交时，那就是另一回事了。除非那是没有爱的野鸳鸯，口交给人的是快感，而不是抬高地位，没有展示地位的偏向。如上所述，由于男女性高潮时间的差异，男人口交比女人口交更普遍。

在考察性过程顺序的变化时，我们至此介绍了压缩这个过程或使之精致化的情况，但我也提到了第三种可能性，即阶段先后顺序的变化。显然，这类变化很多，上文勾勒的 12 个阶段总会有一些颠倒的情况。实际情况是，这个顺序只是大致的趋势，仅仅是从初次邂逅到最后完成性交的大致模式。这 12 个阶段仍然是比较真实的描绘，不过，某些要素的程式化对这个过程的顺序还是有相当大的影响的；在很多情况下，这些阶段还是按照我描绘的顺序逐一展开的。试举几例予以说明。

前三种行为的顺序是眼对身、眼对眼、说话对说话。这是身体接触之前的三种"相会"，顺序很少变换。如今可能发生的例外是，第一次的"相会"是打电话。有时，你听见有人说，"常在电话上和你说话，如今见面真高兴"，言下之意是，电话上的交谈不算"见面"。然而，加上目光接触以后，电话交谈就算"见面"了。"我们去年见过面"这句话未必就意味着身体接触，只不过表示目光接触和交谈而已，但"见面"常包括握手这种最低限度的身体接触。在现代生活中，我们会遇见很多陌生人，握手这样的接触在僵硬的程式化形式中进行也就不足为奇了。在关系发展的行为序列中，初期的握手是相当固化的，略微变化的身体接触都太亲密了。

由于握手非常程式化，所以它经常跳到第一个阶段。第三方介绍说，"这是某某人"，两人在目光接触几秒钟以后，肌肤的接触就发生了，两只手伸出来握在一起。握手的动作甚至可能比说话的动作略早一刻。

这里有一个基本规律：接触行为越形式化，越容易在时间顺序上提前；另一个很能说明问题的例子是亲吻。严格地说，这是性前性唤起的动作之一，应该在性过程行为链的后半部里出现；然而，由于恋人习惯上接受了"晚安"吻，它就可以在行为链中提前。意味深长的是，第一次亲吻常常是在道晚安的时候。道别时的吻，加上面对面的拥抱，可以提前到手搭肩、手挽腰的半拥抱之前；吻别是借用家人问安和道别的方式，没有性意义，很"纯真"。年轻人会晤并交谈几个小时以后，虽然一直没有身体接触，但告别时还是可能会来一点正式的拥抱接吻。这和嫖妓形成鲜明的对比，那时的接吻可能会推迟到阴茎插入之后，甚至可能根本就省掉了。

显然，在讨论这些性行为的变异时，我想到的主要是现代"文明"社会的情况。在其他文化和部落里，行为模式有一定程度的变化，但行为链亲密程度逐步升级的总体原理还是适用的。美国人做过将近200种文化的研究，结果显示："除非社会对积极的性前戏进行压制，否则接吻是很可能要发生的。"大多数的文化里都有性唤起以前的亲密行为，不过其形式有时略有不同。比如，鼻子的接触有时就出现在接吻之前，鼻子的摩挲代替了接吻。在有些部落里，鼻子和脸的接触可能会代替更常见的嘴对脸或嘴对嘴接吻。在其他一些部落里，嘴对嘴的接吻和鼻子对鼻子的接触同时发生。有些男人用鼻子而不是用嘴唇去刺激乳房。另有一些部落人用嘴唇去吻对方的脸时还要吸气。还有一些部落的人在接吻时互相用嘴唇和舌头吮吸。上述各种变异本身固然有趣，但过分强调其重要性，就会模糊一个基本的事实：一般地说，人类的求爱模式和性前亲密行为模式大致是相同的。

看过人类亲密行为的序列以后，我们来说性行为的频率问题。我说过，人是灵长类动物中最好色的，遭到了一些人的批评。然而，生物学证据是不容争辩的。有人说，有些人群中高频率的性活动是文明生活人为的产物，这种说法很荒谬。如果真有什么人为性的话，有些人群中明显的低水平的性活动才是现代生活的产物。凡是有过压抑感的人都知道，焦虑对性活动产生强大的抑制作用。既然在现代都市社群里生活的压力很大，其性活动还如此之多，这显然证明了人类的好色。

我再说得具体一点。如果我略微变换一种方式说，男人是灵长类动物中**潜在的**最棒的性高手，那就不会引起争议。首先，其他灵长类动物的性活动局限在雌性发情期比较短的时间内。在发情期，大多数灵长类雌性的外生殖器会有所变化，对雄性而言是非常明显的。在非发情期，雌性对雄性几乎没有或根本没有任何吸引力。人类的情况则截然不同，性活跃的时间几乎贯穿女人的月经周期，她对男人的吸引力几乎增加了三倍时间。在这个方面，人这种动物的性吸引力在时间上是其近亲猴类和猿类的三倍。

其次，在妊娠期的大部分时间里，女人既有性吸引力又有性回应力。而且，分娩后不久，她的性能力又活跃起来，比其他物种快得多。最后，人这种动物在现代生活中有望维持半个世纪的性活跃期，其他的哺乳类动物难以匹敌。

况且，人不仅有性活动的巨大潜力，而且在大多数情况下，这一潜力得到了充分的发挥。所以，我没有理由修正原来那句话。大多数人寻找伴侣，进行频繁的性活动，借以表达自己的性能力，即使没有伴侣的人或暂时单身的人，一般也不会不活跃。常见的情况是，单身者相当频繁地手淫，弥补没有性伴侣的缺憾。

尤为重要者，人类的性模式相当复杂。不仅性交动作猛烈，而且求爱期的性行为也非常温柔细腻，性前的性唤起也很强烈。换句话说，性行为不仅时间长、频率高，而且在女人的生殖周期内也不存在无性的"空白期"；再者，一旦发生，性行为既持久又讲究。人类的性生活大大地增强了，在灵长类动物的遗产之上，我们还加上了大量的性接触和亲密行为，即我们本章探讨的这些行为。在这里，我们与其他物种形成强烈的对比。为了说明这一点，驻足看看猴类和猿类的性行为是值得一试的。

猴类不会缔结深刻的配偶依恋纽带，没有求爱期，也没有交配前的性行为。在雌猴发情的几天里，她很活跃，或主动走近雄猴去交配，或雄猴走向她来交配。她送上臀部、蹲下，前低后高，撅起屁股，雄猴骑在她身上，从后面插入阴茎，抽插几次，射精，爬下来，各奔东西。交配的时间一般不过几秒钟。几个例子能清楚说明，极端短暂的交配是非常普遍的。帽猴抽插5—30次，吼猴抽插8—28次，平均17次，时间22秒，交配前的"调整姿势"用了10秒。恒河猴抽插2—8次，时间不过3—4秒。一份报告显示，狒狒抽插15次，时间7—8秒；另一份报告中，狒狒抽插6次，时间8—20秒；第三份报告中，每次抽插5次，时间10—15秒。两份有关黑猩猩的报告显示，黑猩猩抽插4—8次，最多达15次；另一份报告显示，黑猩猩抽插6—20次，时间7—10秒。

以上详细的数字清楚说明，我们多毛的近亲不在交配时流连。但说句公道话，虽然其交配瞬间完成，但在雌性发情期短短的几天里，交配频率却非常高。有些动物在几分钟之内就再次交配，而且会连续交配几次。比如，南非狒狒一般连续交配 3—6 次，间隔的时间只有 2 分钟。恒河猴的交配次数更多达 5—25 次，间隔的时间大约只有 1 分钟。看来，公猴只在最后一次交配时才射精，这一次的动作最猛烈，恒河猴的交配模式似乎比较复杂。然而，在上述一切研究报告中，其他灵长类动物的交配活动和人类的性活动显著不同。

人类的情况是，男性的前戏花样更多，而且性交本身的时间更长。在前戏阶段，一半以上的夫妻用 10 多分钟来玩性唤起的把戏。此后，男性抽插多半在几分钟内完成射精。不过，典型的动作是延长性交时间，之所以延长，那是因为女性和母猴不同，女性能体会到性高潮，而且其快感的强度和男性类似，但她需要 10—20 分钟才能够进入高潮。这就是说，一般夫妻的性模式包括前戏和性交，时间大致是半个小时，比猴子交配的时间长一百倍。再说一句公道话，猴子重复交配的时间比人来得快，但不如人的是，母猴的发情期只有几天。

再来比较母猴和女性的不同。母猴在排卵期发情，时间将近一个星期。此间，交配不会使它性唤起，也不会使它性疲惫。整个发情期，它都性活跃，能够交配。在人类女性身上，每一次性交都仿佛是一个"发情期"，和排卵期没有关系，而是和女性性前的刺激有关。实际上，她对性交作出回应，而不是对排卵期作出回应。她生理上的性唤起和她伴侣共享的性亲密有关，和她的排卵、行经期没有关系。这是至关重要的一步，表明在人类身上，灵长类动物通常的性模式发生了根本的变化，结果必然是：男女双方的身体接触更多、更复杂，这就是男女两性性亲密行为的基础。

接下来讨论的问题是人类复杂性行为的源头。人类增多的身体接触来自哪里？公猴骑在母猴身上、抽插、射精，其交配草草收场，我们和它们共同的仅有抽插和射精而已。所以要问，我们在求爱期那么多含情脉脉的交流、犹豫试探性的触摸、手挽手等亲密行为来自哪里？我们前戏时的那么多性唤起行为来自何方？答案可能是，几乎这一切亲密行为都可以追溯到亲密的母婴关系，前文已经对此作了描绘。几乎没有任何亲密行为是"新"的行为，没有任何亲密行为是在性行为的演化中出现的"新"行为。就行为表现而言，恋爱似乎很像是回归到婴儿期。

当我们追溯婴儿期和童年期基本的拥抱行为时，我们发现，在我们的成长过程中，身体接触的亲密行为逐渐减少。再来看年轻的恋人时，我们看到一个逆转的过程。在性过程的 12 个阶段中，起初的几个阶段和其他的成人社会交往完全一样。此后，我们那个行为"时钟"的指针就慢慢开始倒转。正式的握手和寒暄回到童年期保护性的手拉手。年轻的恋人手牵手漫步，就像儿时跟着父母走一样。随着信赖的增加，彼此的身体越靠越近，很快，我们就看到他们回归亲密的面对面拥抱，同时头挨着头亲吻。随着关系的深入，我们就回到婴儿期温柔的拥抱，双手抚摸对方的面部、头发和身体。最后，两位恋人又回归赤裸裸的状态，这是婴儿期后首次身体精光的经验，身体最隐私的部位体会到亲热的触摸。随着他们的动作在时间中倒流，他们的声音也随之倒流，语词不那么重要了，重要的是温柔的音调。连用词也婴儿气了，形成了一种新的"婴儿语"。共享安全感的暖流把恋人裹在一起，就像婴儿期一样，外部世界的喧闹没有多少意义了。恋爱中的女孩子流露出梦幻般的表情，那不是顽童机敏的表情，而是一个婴儿满足时的纯粹表情。

回归婴幼期亲密行为的现象，对于那些正在经历的人来说是如此美好，却常常被那些没有经历过的人贬低。常见的格言就显示了这样的态度："爱情的第一声叹息就是智慧的最后一声叹息""爱情是一种充满苦恼的疾病""爱情是盲目的""爱情使我们容易上当""爱情是无药可救的疾病""爱情和智慧不可兼得""恋人是傻瓜，天性如此"。连科学文献里都有爱情是"退化行为"的语词，带一丝侮辱的味道，而不是客观描述正在发生的事情。当然，在某些成人的情况中，婴儿似的行为是一种低效的处理方式，但在恋人形成依恋关系的时候，情况就刚好相反。广泛而亲密的身体接触是发展关系的最佳途径，认为亲密接触太"婴儿气"、幼稚并拒绝身体接触的人，将是恋爱的失败者。

求爱发展到性交阶段时，婴儿似的行为模式不会消失，相反，行为模式更幼稚了，时钟倒退到在妈妈怀里吸奶的婴儿期。接吻的力度加重，嘴唇压在恋人的嘴唇上和面颊上。嘴唇和舌头吮吸对方的嘴巴，仿佛在吸奶。嘴唇有节奏地吮吸和挤压，舌头彼此探索和舔舐，像饥饿的婴儿。活跃的亲吻不再仅限于伴侣的嘴唇，而是在全身搜寻，仿佛婴儿搜寻乳头一样。在搜寻的过程中，舌头全身游走，在耳垂、脚趾、阴蒂和阴茎上发现了假性的乳头，当然还包括吮吸真正的乳头。

稍早，我提到这种探索带来的性快感，但那显然只是故事的一部分，还有一种更直接的回报，那就是婴儿似的吮吸动作带来的快感，这是直接重温婴儿吸奶时与妈妈互动的快感。假性乳房经刺激而"泌假乳"的时候，恋人亲热的快感进一步加强。"吸奶"的效果来自恋人的口水，来自阴道的分泌物，来自阴茎的精液。如果女人的口交时间很长，直到阴茎射精，阴茎就像是假性乳房的"泌假乳"。早在 17

世纪，就有人注意到类似的现象，那使"挤奶"首次成为常用的语汇。

即使在性前模式结束、性交开始以后，婴儿似的行为也不会完全消失。就猴子而言，除了生殖器的互动以外，唯一的身体接触就是公猴用四肢抓住母猴。它抓住母猴的身子不是为了爱的亲密，而是为了在快速抽插时维持身体的平衡。男女交合时也有这样的动作，但除此之外，他们还有其他的没有"调整姿势"功能的身体接触。手抓对方不是为了便于机械地抽插，而是为了增加亲热的触摸信号。

再回头看上文提及的图解性交手册，只以男女实际性交的照片为例。记录抽插时的抚摸动作的频率是可能的。在不少于74％的图解性交姿势中，可以看见单手和双手抓住和抚摸对方的动作，而这些动作并不是为了稳定。此外，还有许多拥抱和亲吻的动作以及只摩挲头部而不亲吻的动作，亦有手对头、手对手接触的动作。这些动作基本上都是拥抱、半拥抱和不完全拥抱的动作。这些动作显示，对人这种动物而言，性交不仅包括灵长类动物那一端的交配动作，而且还包括回归婴儿状的拥抱动作。这样的拥抱动作贯穿亲密行为的全过程，从早期的求爱一直到最后性交的时刻。人性交时的亲密动作并不限于生殖器的接触，"做爱"这一语词意味深长，做爱的对象是一个完全和特定的个人。人类亲密行为发展的12个阶段包括最后的性交阶段，为何都能够加强配偶形成机制，其道理就在这里。同理，女性的性接受期在进化中延长，大大超过了排卵期。我们甚至可以说，性交的目的不是为了使卵子受精，而是为了滋润双方的关系。这样的两性关系并不会对生孩子构成危险，因为即使极少数的性交是在排卵期进行的，人类也能够生育足够数量的后代。

第四章

社交亲密行为

研究人类的性亲密行为时，我们看见，成人大量的身体接触再度出现，代替业已消失的婴儿似的亲密行为。相比之下，研究人的社交亲密行为时，我们看见的是谨慎的、受抑制的接触，这种抑制的接触源于我们矛盾的需要：密切关系与个人隐私的需要、依靠他人与个人自立的需要，两者在我们的脑子里进行着拉锯战。

　　有时，我们都觉得太拥挤，似乎暴露在众目睽睽之下，好像人家能洞悉我们的一举一动；远离尘嚣的修士那种念头很有吸引力。不过大多数人觉得，几个小时的独处足矣，终身过隐士的生活则令人恐惧。这是因为人是社会动物，一般正常人觉得，长期的孤寂生活是严厉的惩罚。除了酷刑和死刑，单独的禁锢是囚犯最难以忍受的痛苦。最终他会被逼得半疯半癫，可能被迫把头伸到马桶里去说话，以听见自己的回声。这是他最接近社会回应的效果。

　　大城市里独居的、羞于交际的个人会觉得，自己的处境和单独禁锢的囚犯处境类似。如果他们远离了家庭的温馨，独居一室，寂寞很快就难以忍受。他们太腼腆，不善交友，最终宁可自杀，也不愿意在长期缺乏与人密切接触的孤寂中煎熬。这就是人对亲密接触的需要。因为密切的接触产生理解，和独处的修士不一样，我们大多数人想得到他人的理解，至少要有几位知己。

　　这不是理性或理智上的理解，而是情感上的理解；在这个方面，和一个人亲密的身体接触胜过词典里一切美妙词语的总和。肌肤和身体接触传递情感的效果实在令人吃惊。追踪从生到死的亲密行为发生的过程，我们发现，两个大量身体接触的阶段也就是两个强大社会纽带形成的阶段：第一个阶段形成亲子的纽带，第二个阶段形成恋人的纽带。一切迹象表明，在身体与身体的接触中是不可能无节制的和不受约束的，也不会与他意向中的人缔结牢固的纽带。也许就是直觉上的理解阻止我们沉溺于更广泛的亲密接触的愉悦。比如，只说拥抱同事这样的行为反常是不够的，因为这不足以解释"不与人交流""与人疏远"的习俗最初是如何产生的。我们必须更深入地了解，在亲密的家人之外，我们在日常事务中，为了避免与他人的身体接触，我们付出的代价非同寻常。

部分答案与我们在现代都市社群里经历的极度拥挤有关。我们在街上和楼房里每天遇见的人太多了，我们不可能和他们有任何亲密行为，否则，一切社会组织就会停止运转。具有讽刺意味的是，过分拥挤在我们身上产生了两种完全矛盾的后果。一方面，它给我们压力，使我们感到紧张，缺乏安全感；另一方面，它使我们削减了亲密接触，而这有助于我们缓解压力和紧张。

另一部分答案和性有关。不仅仅是因为我们没有时间或精力去建立无穷的社会关系，因为这种关系是广泛的身体亲密接触的结果。还有一个问题是，成人的身体接触会导致性行为。这是令人不快的概念混乱，但不难发现它是如何产生的。除了人工授精之外，性交是不可能不产生亲密接触的，所以在一定程度上，身体接触就成了性交的同义语。沉溺于性交时，即使最"不可触摸"的人也必须触摸和被触摸。在其他大部分时候，如果他不想身体接触，他是可以避免的，但这种情况下他不能。有些维多利亚时代的人煞费苦心地避免身体接触，他们和衣而睡，只不过在裤裆那里开个口；但如果要传宗接代，连他们也不得不把阴茎插入阴道。于是，到 1889 年，"亲密无间"就成了性交的委婉语。到 20 世纪，任何成人无论男女，都越来越难以在不给人性联想的情况下和异性亲密接触。

如果认为这完全是新潮流，那就错了。这个问题始终存在，成人的亲密行为始终受到一定程度的限制，以免产生性的嫌疑。不过，有一个明显的印象是，近年来要求更加严格。我们不再毫无顾忌地搂住另一个人的脖子，或扑到一个人的怀里去放声痛哭。尽管如此，互相触摸的基本欲望还存在。看看我们在家庭之外的日常事务中如何处理与人接触的问题，这个课题应该是蛮有趣的。

答案是将身体接触程式化。我们解析婴儿期无抑制的亲密接触，将其分解为一个个的片断。每一片断都程式化、固化，直到它能放进一个界限分明的类别。我们制定礼仪（etiquette 原来是法语，意思是"标记"）规则，我们训练我们的文化成员去遵守这些规则，但拥抱是不用训练的。我们在与生俱来的生物学行为中看到拥抱，这是我们和灵长类近亲相同的行为。但拥抱包含许多要素，至于在特定的社会时刻用哪一个要素和片断，以何种僵硬的程式化的形式去拥抱，我们的遗传机制是帮不上忙的。对于动物来说，它们要么拥抱，要么不拥抱；至于我们的行为，那就有好坏、善恶之分，其中的规则是复杂的。然而，这并不意味着，我们不能从生物学的角度去研究人的行为和规矩。无论我们的行为在多大程度上受文化的制约，无论它们有多大的文化变异，如果我们把人类的行为当作灵长类动物行为的片断，我们就能够更好地理解人的行为。这是因为，我们几乎总是可以把这些行为片断追溯到它们的生物学源头。

在探讨全貌之前，我详细分析一个小小的动作来说明我的意思。

我挑选的这个动作似乎尚未引起多少注意，这就是拍背。你可能会认为，这个小小的动作不会有多大意义，但对细小的动作置之不理是有危险的。每一次抽动、每一次抓挠、每一次抚摸和每一次拍打都具有改变人生的潜在可能性，甚至有可能改变一个民族的命运。如果关键时刻拒绝亟需的热情拥抱，那么一方拥抱一方拒绝拥抱最终就可能摧毁双方的关系。以两位统治者为例，如果一位微笑时对方不回报微笑，那就可能导致战争和毁灭。可见，讥笑"单纯的"拍背是不明智的。这些小小的动作是组成情感生活的要素。

如果你和一只黑猩猩关系密切，你就知道，拍背并不是人类独有的行为。如果见面时特别高兴，它就可能迎上前来拥抱你，热情地在你的脖子上亲吻，然后有节奏地在你的背上拍。这给你一种奇怪的感觉，因为它的动作太像人，同时又有细微的差异。它那亲吻不像人的亲吻。我想，最准确的描绘是用柔软的嘴唇轻轻地贴一贴。和人相比，它拍背的动作要轻一些、快一点。它的两只手交替进行，有节奏地拍。然而，它和人的拥抱、亲吻、拍打基本上是一样的，动作发出的社会信号看来是相同的。由此可见，我们着手研究这个领域时，有充分的理由猜想，拍背是人类的生物学特征。

在第一章，我曾经解释过这种活动的源头，这种反复进行的抓握和拥抱是一种意向动作，仿佛在说："我紧紧地抱着你、保护你，没有危险，放松吧，没什么可担心的。"在婴儿期，妈妈拥抱我们时加上轻轻拍打的动作，后来，朋友的拍打可能单独发生，不必作为拥抱的补充。朋友伸出手拍同伴，身体接触仅限于手。这一动作变化开启了程式化的进程。只看见没有拥抱的拍打时，你无法猜想其起源。同时发生的另一个变化是，拍打的部位不那么受限了。拍打婴儿时几乎仅限于背部，孩子稍大后，父母拍打他的部位几乎可以遍及全身，不限于背部，还包括肩头、手臂、手掌、脸蛋、头顶、后脑勺、肚子、屁股、大腿、膝盖和小腿。拍打传递的讯息涵盖面加大了。安抚婴儿的"没有危险"变成了"一切都很好""你干得很棒"。因为"干得棒"的大脑位于颅腔里，头顶的抚摸和拍打自然就象征着祝贺。实际上，这个动作和童年期的夸奖建立了强大的联系，所以成人的拍打就放弃了头顶，因为成人拍头的动作带上了瞧不起的味道。

从成人拍孩子转到成人拍成人的语境时，其他的变化跟着发生。除了头部以外，有些部位也成了禁区。拍打背部、肩头、手臂不受影响，但拍打手背、面颊、膝盖或大腿却有了一丝性的含义，拍屁股有了强烈的性含义。然而，情景变异很大，有许多例外。比如，女人之间拍手背和大腿并没有性含义。此外，作为滑稽的夸张动作，拍打身体的任何部位似乎都不会引起反感。拍打伙伴的头部或面颊时，可以说几句俏皮话："好了，好了，你这小家伙。"其含义是，拍打没有性含义，而是模仿父母的动作，不要当真。当然，这一动作有得罪人的成分，但它没有一丝打破性禁忌的暗示，不像以某种方式触摸敏感部位那样有性禁忌。

更加复杂的是，上述例外中又有一个十分有趣的例外。情况是这样的：假设一位成人比如男人想要和另一位成人比如女人进行性接触。他知道，她不会接受直接的、不伪装的性接触，她会觉得恶心。实际上他知道，她觉得他没有吸引力，但他想触摸她的欲望太强烈，所以他不顾她发出的挫败他欲望的信号。于是，他就用一个手段，假装父母的姿态，拍她的膝头，叫她"傻丫头"。他希望，她把他的触摸当作玩笑，实际上他却得到性的报偿。遗憾的是，他并非总是那么善于掩盖性信号，尤其不能掩盖脸上的表情。一般地说，女孩子能看穿这样的把戏，以适当的方式还他一手。

从妈妈拍婴儿的原生情景开始，我们已经谈得比较多了，但我们还需要再进一步，因为成人的拍打动作远远超越了身体接触的范围。在两个重要语境下，基本的触摸信号已经转变为听觉信号和视觉信号。观众鼓掌向演员致意，人们挥手招呼和告别，这两种动作都源于原来的拍打动作。我们先讲讲鼓掌。

多年间，我一直困惑，不能解释观众为何鼓掌向演员致意。一只手用力拍击另一只手的动作几乎像是攻击性动作，刺耳的掌声似乎也带有攻击性。但一望而知，和攻击性相反，掌声使演员感到高兴。数百年来，演员都渴望看到一片黑压压的观众鼓掌，他们想出了许多办法"诱使观众鼓掌"，由此而产生了一个英语单词"claptrap"（诱使人鼓掌的陷阱）。

为了了解拍手的强大报偿功能，有必要寻找其童年时代的源头。仔细研究半岁以后的婴儿显示，拍手常常成为婴儿欢迎妈妈的手势，妈妈回到它身边时，它常常拍手。它可能先拍手，后伸手要妈妈抱，也可能用拍手代替伸手。拍手的动作和抓握妈妈手臂的动作几乎在同一阶段出现。看见妈妈时，拍手的动作有点像伸手去抓妈妈手臂的动作。但妈妈还没有贴近它，它抓不住妈妈，所以它的手臂成弧形，像拥抱，随即拍手。在这个阶段，宝宝摇动手臂拍手，而不是像成人那样摇动手腕拍手。

详细的观察显示，宝宝拍手不是妈妈教的结果，没有这样的证据。换句话说，宝宝拍手的最佳解释是，这是妈妈"空抱"的有声产物。显然，成人手腕用力有节奏地拍手可以被视为加在"空抱"上的

"空拍"。我们向演员鼓掌时，实际上是在隔着一段距离拍他的背。大家拥到台上去触摸他，表示赞许，那既不方便，也不可能。于是，我们就待在座位上，反复"空拍"。你不妨试一下鼓掌的感觉，你将发现，两只手用力不均。一只手的角色像演员的背，另一只手用力"空拍"他的背。诚然，两只手都在动，但其中一只用力大得多。十有八九的人，右手用力，手掌略向下，击拍左手，左手的手掌向上，承受击拍。

偶尔，即使在成人世界里，我们也瞥见原生的拥抱和拍背之间的关系。苏联第一位宇航员凯旋，与苏联领袖并肩在红场上出现时，游行的人群致意，举手鼓掌。纪录片清楚显示，有一个人激动不已，一边鼓掌一边不断作出拥抱的动作——他高举双手鼓掌，拥抱身前的空气，伸手，鼓掌，拥抱，再鼓掌，再拥抱。情感的力量打破了常规模式的程式，提供了有力的佐证，雄辩地说明了成人拥抱和鼓掌动作的源头。

俄国人给鼓掌提供了另一个有趣的变异。俄国演员经常用掌声回报观众。有人挖苦说，这是俄国演员自恋，为自己鼓掌，真相不是这样的。他们只不过是在回报观众的程式化拥抱，仿佛是在用自己的身体拥抱观众的身体。西方没有这样的常规，不过我们有时能看到，演员谢幕时张开双臂寻求观众鼓掌。马戏和杂技演员尤其喜欢用这种姿势，这个例子是拥抱的意向动作。手臂展开的姿态是准备拥抱观众的意向动作，但这个"空抱"的动作没有完成。有些夜总会的卡巴莱歌手专唱煽情歌曲，他们善于用拥抱的动作边唱边跳；本来歌词就很煽情，他们还要用煽情的动作邀请观众拥抱。

有时，击掌也用来招呼仆人或服务员。在后宫生活中，这个手势表示："把舞女带上来。"此时的击掌不是典型的鼓掌，而是有节奏的击掌动作，一只手用力拍另一只手，只拍一两次，更像是婴儿招呼妈妈的拍手。婴儿对妈妈表示"过来"，这一意向动作被成人用来招呼仆人了。

我先前说过，拍打这种基本的触觉信号已经延伸为听觉信号（上面这段文字做了介绍）和视觉信号，视觉信号的形式是挥手。和鼓掌一样，挥手一般被视为理所当然而不去细察；其实，挥手也有一些出乎意料的要素，值得我们详细分析。

我们远距离招呼告别时挥手，让别人容易看见我们，这道理似乎很明显，而且也是事实，但这并非答案的全部。如果你观察急于引人注意的人，比如招呼出租车的人；又比如，有人在一大群人中看见一个人，而这个人并未看见他，他就不会像平常那样挥手，而是高举一只手，伸直，以肩头为中心，左右摇晃。在更紧急的情况下，他会高举两只手，同时挥舞。这是远距离最引人注意的动作，但不是我们彼此看见后的动作。如果已经看见却有一段距离，想要招呼或告别，我们不会高举双手，不但只举一只手，而且不摇晃手臂，而是只挥手腕。这时的挥手有三种方式。一是上下挥，手指向前；往上时手掌向外，往下时手掌向下。这又是随处可见的拍打动作。挥舞的手臂伸出去拥抱和拍打，和鼓掌一样，空间距离迫使我们的挥手只能是"空抱"。两者的区别是，远距离的鼓掌拍打成了听觉信号，远距离的挥手则成了视觉信号。挥手时的手臂向上而不是向前，就像真的拥抱，因为举手的动作更容易被看见。除此之外，鼓掌和挥手几乎没有差别。

挥手的第二种形式进一步向容易看见的视觉信号发展。手不再上下挥舞，而是左右挥舞，手掌向外。挥舞的速度差不多，但动作进一步离开了原生拍打动作。成人比儿童更喜欢用左右挥舞的形式，儿童则喜欢用上下挥舞的形式，这一点耐人寻味。

第三种挥手形式对大多数西方读者比较陌生。我只在意大利看见过这种形式，但这第三种挥手形式显然可见于许多国家，比如西班牙、中国、印度、巴基斯坦、缅甸、马来西亚、东非、尼日利亚，亦见于吉卜赛人中。至少可以说，这样的分布很奇怪，我还不能作出解释。它使人想起召唤的动作，但你看见它只用于告别时就意识到，它不用于召唤。像第一种挥手形式一样，它掌心向上（状若乞讨），向自己怀里挥舞。我们再次看到，这基本上是拍打动作，而且拍背的时候就是这种掌心向自己的动作，手指向上；此时，拥抱的那只手是肘关节向下的。

两种特殊的挥手和以上的第三种挥手相关。这就是教皇的挥手和英国女王的挥手。两种挥手都不动肩头，和手臂的挥舞明显不同，和手腕动的挥手也不同，两种挥手都不同于一般的拍手动作。相反，这是手肘动的挥手。教皇一般两只手同时挥，手和前臂缓慢、有节奏地反复挥舞，向着自己，手掌位置最高，这是连续拥抱的意向动作。但这种动作并不简单，因为他的手臂不直接指向胸部。他不把听众揽入怀中。相反，他手臂挥舞的弧线一半向内，一半向上，仿佛这一动作是一种调和，一半是要把听众揽入怀中，一半是要把他们向天上托举——因为教徒都希望，他们总有一天会被上帝接纳。

英国女王挥手的典型姿势是手肘不动，一般用一只手，指尖向上。掌心向内，突出这个动作的拥抱性质，前臂缓慢而有节奏地转动，向内转动时的动作比较突出。女王用这种高度程式化的动作拥抱臣民，那是相当正式的拍背动作。

就像鼓掌一样，你有时能幸运地看到，感情激动时，挥手的程式会突然中断，这一现象能解释挥手的基本源头，在此只举一例予以说明。我在一个小型机场观察人们招手的情况。机场有一个平台，亲友在这里等候，可以看到走出机舱的乘客。他们穿过停机坪沿路走向海关。候机楼入口处刚好在平台下方，虽然乘客的手够不着激动挥手的亲友，但消失在入口处之前，他们离接客的亲友的确很近。这就是我观察的场所，挥手的动作一般是这样的：飞机舱门打开，乘客鱼贯而下，乘客和接客亲友都引颈张望。如果一人先看见，他会用力挥舞，以肩头为轴最大限度地挥舞手臂，以引起对方注意。双方都看见以后，双方的挥舞都转向举手挥舞的形式。这一动作持续一阵子，因为下飞机以后这段路很长，过一会，他们的动作都停了下来。挥手和微笑的欲望暂时消退（像准备照相的人一样，等待摄影师维持自然的微笑有点难），但双方都不想显得"不热情"，于是，双方突然对机场的其他情况产生了兴趣。乘客环顾机场风景，整理一下随身行李的仓带。迎客的亲友交谈，说一说出港乘客的样子。但走得比较近的时候，他的面容更清楚了，双方再次用力挥手、微笑，直到他消失在平台下的入口处进入候机楼。又过半个小时，过了海关出港后，首次的身体接触开始，握手、拥抱、拍背，紧紧地拥抱并接吻。

基本情况就是这样。自然，小的变异是有的。有一次，这个模式加速了，给人更清楚的启示。一位海外游子很久没回家团聚了。刚走下飞机舷梯，他和家人禁不住狂热地挥手。接近候机楼，亲人看清楚他的面容了，他觉得一般的挥手不足以表达激动的心情。他热泪盈眶，从口型看得出来，他在连声说"我爱你们"；他必须要拼命挥手，表达他与家人团圆非常激动的心情。那一刻我注意到，他挥舞的动作变了。平常的挥舞停止，取而代之的是一连串模拟的热情拍背动作。手臂伸出指向家人，而不是向上，动作减小，不那么引人注目。手臂弯曲成弧形向两侧，迅速在空中做拍背的动作。由于他非常激动，对原生的拥抱拍背动作进行程式化修正的一切次生的动作都被放弃了；虽然次生的大动作有助于远距离看清楚，但由于挥手的大动作不足以表达强烈的感情，所以就被放弃了，原始、首要的拥抱拍背动作遂暴露无遗。

出了海关，亲人迎接他的身体接触充分表达了久别重逢的激情。一走出来，14 位亲人就围着他拥抱、接吻、拍背，全都很激动，逐一拥吻之后，他已经情感透支，泪如泉涌，浑身颤抖。其间，看上去是他母亲的老妇双手捧着他的面颊摩挲，仿佛在揉捏面团。母亲摩挲时，他拥抱母亲，用力拍打她的背。不过，第十个人拥吻他以后，他因过分激动而疲惫不堪了，他拍背的动作发生了很大的变化，被程式化的原生动作再次暴露无遗。此前，挥手时"空中拍背"的动作过去，回到他原初的拍打动作，多次的拍打又回到短暂的用力抓握的动作。每一次拍打都成了紧紧的抓握动作，抓紧、放松；再抓紧、再放松，这就是"祖先的"动作模式，其他一切动作都由此而来，经过一个信号特化的过程：从抓握到拍打，又从拍打到击打的声音信号（比如鼓掌），最后到视觉信号（比如举手挥舞、空中拍打的动作）。平常这些动作的意义隐而不显，必须要追溯到它们的源头，我们才能够充分理解其含义。在上述诸例中，原生的身体接触动作常常远离外在的表现，离我们很远，但在许多情况下，我们仍然进行实在的身体接触。浏览一番这些动作，看看其形式，那倒是蛮有趣的。在浏览的过程中，我们暂时要回到原生性的拥抱动作。一般地说，这种模式不见于成人在公开场合的动作，但偶尔会发生，研究其出现的情景颇有价值，值得一试。

完全的拥抱。如果我们尽可能仔细地研究完全的拥抱现象，很快就可以看出，成人的拥抱分为三种不同的类型。正如所料，数量最多的类型是恋人爱意绵绵的紧贴拥抱。这种类型大约占公开场合拥抱的2/3。公开场合的其他拥抱可以分为两种类型，我们称为"家人团聚"型的拥抱和"运动员获胜"型的拥抱。

年轻恋人不仅在见面和道别时紧紧拥抱，而且在一起时也常常贴身拥抱。至于年龄稍长的夫妻，我们很难看到他们在公开场合这样贴身拥抱，除非一人要离家外出一段时间，或者分别一段时间后重逢。其他时候，如果在公开场合拥抱，那仅仅是象征性地抱一抱，动作并不大。

至于成人亲属之间，比如兄弟姐妹之间或父母与成年子女之间，激情的拥抱就更少见。然而，如果他们拥抱，那是很容易预料的：一位亲属大难不死时，他们会紧紧拥抱。如果这个人被劫持、诱拐、囚禁或受困于天灾后平安归来，你就可以肯定，"家人团聚"型的拥抱必然会发生，本来只握握手、贴贴脸的异性朋友也可能会紧紧拥抱。而且，在这样激动的场合，一位男性热情地拥抱另一位男性，一位女性热情地拥抱另一位女性，或者一位女性热情地拥抱一位男性，在性禁忌方面没有造成任何困难。在不那么激动的时刻，一般友人之间的贴身拥抱是个问题，但戏剧性的时刻，禁忌就被遗忘了。在获胜、解脱、绝望的时刻，两个男人也可以紧紧拥抱和亲吻，这在我们的文化中是可以接受的；然而，在不那么戏剧性的时刻，即使他们做一些半拥抱的动作比如手挽手、脸贴脸，立即就给人留下同性恋的印象。

几种类型拥抱的差异值得注意，需要予以解释。它告诉我们，基本的身体接触是如何分割为片断并程式化的。首先，父母和婴儿之间的拥抱是自然的，因此，父母与稍长的儿童之间的拥抱也是自然的，尽管并不频繁。在成人之间，完全拥抱是恋人和夫妻的典型拥抱。由于各种原因，成人觉得不得不拥抱时，必须要清楚表明，他们的动作没有性因素。为了表明没有性含义，他们就用上完全拥抱动作的片断，这是约定俗成的没有性含义的拥抱。比如，一个男人可以把手臂搭在另一个男人的肩头上，那不会引起误解，当事的伙伴或旁人都不会误解。然而，如果他用其他的片断动作，比如亲吻那个男人的耳朵，人们立刻就会产生暧昧的联想。

在大获全胜、灾难临头或久别重逢的时候，人们看见两个男人紧紧拥抱、亲吻，情况就截然不同。人们不会在这里去作性的解释，因为按照公认的看法，那不是程式化的动作，而是基本的动作。旁观者知道，在那种情况下，强烈的激情战胜了一般的常规。凭直觉他们就知道，他们目睹的是婴儿原生性的、性未出现之前的拥抱，后来成人层层叠压的程式化动作都被剥离了，看客接受这样的身体接触，认为那是完全自然的行为。实际上，如果两位同性恋男人想要公开拥抱，又不想引起敌视或困惑，他们倒不如纵情拥抱和亲吻，而不是在脸上轻轻地贴一贴。

由此可见，如果研究基本拥抱动作的各种程式化片断，我们应该能够看清，它们是如何被放进约定俗成的类别的；每一个类别都表示具体的含义，并指明身体接触时人与人关系的性质。

但在研究这些片断前，还得简单讲讲完全拥抱的第三种类型，即

"运动员获胜"型的拥抱。大难不死后两个男人的拥抱已有相当长的历史，但进球后两位足球运动员激情拥抱的现象却相对比较新。进球怎么突然升级为重大的情感经验呢？要找到答案，我们必须进一步追问，而不是停留在足球场上那获胜的激情。实际上，我们必须要回溯到千百年前。

两千年前，世界还不太拥挤，人与人的关系界定得比较分明；在地位平等的人中，完全拥抱的现象司空见惯，比现在常见。拥抱和亲吻发生在男人和男人之间、女人和女人之间，也发生在汲有恋情的男人和女人之间。在古波斯，地位平等的男人互相亲嘴的现象更常见，不平等的男人才亲吻面颊。但在其他地方，平等地位的人亲吻面颊更常见。这种现象延续了好几百年，到中世纪的英格兰依然可见，骑士们彼此接吻拥抱，而现代的贵族只不过点点头、握握手了。

到 17 世纪末，英格兰的情况开始变化。非性行为的见面拥抱迅速减少。这一趋势起于城市，慢慢扩散到乡间。康格里夫的剧本《如此世道》（*The Way of the World*）里有这样一段台词："你以为这是在乡下，傻乎乎的兄弟见面还要流着口水亲吻。这里不时兴了，我的好兄弟。"

那时，城市越来越拥挤，人的关系更加复杂，也更加令人困惑。19 世纪后，人的交往受到进一步的约束。18 世纪注重细节的鞠躬礼和屈膝礼遗留下来了，但越来越局限于正式的场合，已失去了在日常生活中的功能。到 19 世纪 30 年代，最低限度的身体接触——握手礼到来，并保留到现在。

其他地方也出现了类似的趋势，但程度各有不同。在拉丁语国家，身体接触的限制远小于英国；即使在 20 世纪，男人之间友好的

拥抱也是可以接受的，直到现在还是这样。在此，我们又回到上文
"足球运动员的拥抱"。足球兴起于英国，20世纪迅速传到世界许多
地方。在拉丁语国家，足球特别流行，不久带有强烈感情的国际比赛
开始上演。当拉丁语球队到英国比赛时，他们的队员进球后激情拥
抱；起初英国人大吃一惊并予以讥笑，但拉丁语球员的精湛球艺很快
就改变了英国人的态度。起初，英国球员进球后，队友会说"伙计，
干得好！"不久，这样的祝贺就显得吝啬了。拍背让位于轻轻的拥抱，
轻轻的拥抱又让位于狂热的拥抱；今天，观众对进球后的球员被激情
祝贺的队友压在身下已经习以为常了。

　　在足球这一语境下，我们转了一大圈回到了中世纪的骑士时代甚
至遥远的古代。这一趋势是否会扩展到其他领域还有待观察。可能会
出现这样的情况，但我们要记住其中的限制：足球运动员在足球场上
的拥抱完全没有性的含义。他们的角色界定分明，他们的阳刚气质清
楚展现，这是由强烈的对抗性决定的。如果社会情景的界定并不是那
么分明，情况就截然不同，常见的复杂社交礼仪就会继续起作用。只
有在那些表现强烈感情的领域比如演艺界，才有可能看到显著的例
外。如果我们其他人觉得男女演员的社交拥抱有些过分，我们就必须
记住三件事：他们不仅经过训练，感情容易外露，而且他们的工作性
质也使他们情绪紧张，此外，他们的职业特别没有保障。他们需要尽
量互相寻求支持。

　　讲完完全的拥抱以后，我们可以看看不那么强烈的表现形式了。
至此，我们说的是最大限度的正面拥抱，身体紧贴，头部一侧接触，
双手紧紧搂住对方。拥抱不那么强烈时，一般有三种变异：侧面接触
而不是正面相拥；一只手而不是双手揽住对方；头部分开而不是接

触。我的观察数据显示，在公开场合，成人半搂半抱的姿势是完全拥抱的 6 倍。

搂肩式拥抱。最常见的半搂半抱姿势是搂肩式拥抱，一人把手臂搭在另一人的肩上。这一姿势是其他半搂半抱姿势的 2 倍。

将搂肩式拥抱与正面拥抱比较，其首要区别是，这多半是男性的举动。正面拥抱的频率男女大致相等，而搂肩式拥抱男性的频率是女性的 5 倍。道理很简单：男人比女人高；无论她们在其他方面如何看男人，她们总是不得不抬头看男人。这种身体结构差异的结果是，对男人而言，做某些形式的接触动作比女人容易，搂肩式拥抱就是这样的动作之一。

这就赋予了搂肩式拥抱特殊的性质。男人和女人做这个动作几乎总是男人用手臂搂住女人的肩头，也就是说，这个动作没有一点女人味。反过来说就是，在轻松、友好的情况下，男人之间也可以做这个动作，且不会有性的味道。实际上，约 1/4 的搂肩式拥抱是男人之间的动作，但这是唯一常见的男人对男人的拥抱。它和正面拥抱截然不同。如果正面拥抱涉及到两个男性，那一定是在高度戏剧性的或激情奔放的典型环境中，但在搂肩式拥抱中，环境一定是比较轻松的，一般是在同伴之间，"老伙计""好朋友"才会搂肩头。

这一"男人间安全动作"的规则并不适用于其他半搂半抱的动作，比如手挽腰的动作。因为这个动作对身高不同的男女都容易，而且它比较接近会阴部，所以，男人之间很少做这样的动作。

如果我们现在进一步远离完的拥抱，把注意力转向拥抱动作的片断，我们就会看见类似的差异。一些拥抱动作没有性含义，可以在男性之间随意做；而其他的拥抱动作含有更多爱恋的性质，所以就仅限于恋人和配偶了。

手搭肩。一个常见的动作是一只手搭在伙伴的肩上，没有实际的拥抱动作。这是搂肩式拥抱的简化；正如所料，这一动作用在类似的语境中。由于它的亲热程度比搂肩膀还要低，所以它在男性之间更常见：1/4 搂肩膀的动作发生在两个男性之间，而搭肩膀的动作有1/3发生在两个男性之间。

手臂挽手臂。拥抱动作进一步分解为手臂挽手臂时，情况就出现了惊人的变化。男人手臂挽手臂的比例不升反降，仅为 1/12，于是我们不得不问，既然这种身体接触的亲密程度降低，为何相比挽女性的手臂，男性更不想挽男性的手臂呢？答案是，这个动作基本上是女性的动作。男女挽手臂时，女性挽男性的可能性大约是男性挽女性的5 倍，这和男性搂男性肩膀的情况刚好颠倒过来；也就是说，如果同性别的两个人挽手臂，那就具有女人味。由此，我们不难做出预测，如果是同性挽手臂，女性相挽的情况就多于男性相挽的现象。事实上，我的观察证实了这样的差异。

如果要找男性挽手臂的现象，我们很快就会发现它们分为两类：拉丁人和长者。拉丁男人在文化上对身体接触的限制较少，常常挽手臂；在非拉丁语言的西方国家里，你可以看到老头这样的搀扶动作，因为他们已经超过了性活跃的人生阶段。

手拉手。我们沿着人体结构，离开完全拥抱，经过搂肩式拥抱、手搭肩动作和手臂挽手臂的动作，最后来到手拉手的动作（不要与握手混淆，稍后我们将单独讲握手）。手拉手比前三种动作的身体接触更少，两人的身体有一段距离，但它有一点其他三种动作所没有的与完全拥抱相似的地方。手拉手是相互的动作。我把手搭在你的肩头上时，你可以不反过来搭我的肩膀；但我拉你的手时，你也拉着我的手。因为男女手拉手的现象常见，双方都在拉手，这个动作就没有男性味，也没有女性味，而是带有异性恋的味道。实际上，这使它成为完全拥抱的缩略版；因此，今天难以在公共场合看见两个男人手拉手也就不足为奇了。

但过去的情况并非总是如此。在古代，两个男人可以无拘束地拥抱，他们手拉手的动作就是表示友情，没有性含义。举一个例子，两位中世纪君主晤面时，史料显示，他们"手拉手，法国国王拉着英国国王的手走进帐篷；四位公爵牵手跟进"。不久，这一习俗消失，"牵手"就仅限于男女之间了。到了现代，这个动作修整后向两个方向发展。在正式场合比如男人牵引女人进入宴会厅或走进教堂时，手拉手变成了手挽手。在不太正式的场合，手拉手变成了手掌相握。有时，需要更亲热时，一对恋人会同时做出两种动作。

尽管有这个总体趋势，在一些特殊的场合，现代男性仍然手拉手。一个例子是多人握手的场合，比如合唱或谢幕时。即使在这样的场合，有一个趋势也是男女位置相间，每个人都和一位异性相邻。但如果男女人数不等，或难以调整到刚好"正确的"位置，和同性拉手也是允许的。这是因为这里根本就没有结伴的意思。人数一多就剔除了手拉手潜在的性意味。

另一个高度程式化和男性手拉手的动作是，一人拉着另一人的手高高举起来，作为胜利的象征。这一动作起源于拳击，但今天用得更多的是两位政界人士，他们想象同伴是戴着手套刚获胜的拳师。这个场合之所以允许两个男人拉手，是因为这个举手的动作首先具有攻击的性质。起初，这个动作未经修饰时，无疑是胜利拳师的象征，显示对手战败，而胜者还能继续战斗。这是高举胳膊向下猛打的意向动作的固化姿态。研究儿童斗殴的报告显示，高举胳膊向下猛打的动作是人类的基本动作，不用后天学习。有意思的是，虽然拳击手把这一动作固化为庆祝胜利的动作，但他搏杀时已经不再用这一动作，而是用高度程式化的冲拳的动作——这是"非自然"动作。同样饶有趣味的是，在非正式的打斗比如街头骚乱中，警察和暴众多半都回归高举胳膊向下砸的动作。

回到男性公开拉手的问题，讲一讲这一动作出现的最后一个特殊语境。这和教士有关，尤其和天主教的高级教士有关。比如，教皇常常拉教徒的手，男女教徒的手他都拉。这一例外说明，著名的公共人物可以置身常规之外。教皇拉手的现象完全没有性含义，他可以对陌生人做各种亲密行为的片断动作，普通人永远无法想象的亲密行为。比如，谁能伸手去触摸一位漂亮女孩子的脸蛋却完全没有性含义呢？实际上，教皇的行为非常像"圣父"，他可以自信地去触摸陌生人，就像父亲爱抚自己的孩子一样。他扮演超级父亲的角色，打破了其他人必须遵守的身体接触限制，回归婴幼期亲子关系中典型的动作，这是更自然的、主要的亲密行为。如果说他在教徒面前显得比一个真正的父亲在孩子面前更加拘束，那不是可能产生的性混乱限制了我们其他人，而是因为他面对五亿子女的大家庭，不得不节省自己的精力。

至此，我们逐渐远离完全的拥抱，依次走过了肩头、手臂和手，这个方向已到尽头。反过来，我们看一看完全拥抱时身体的其他部位的接触，看看这里是否存在一些可用于日常见面的动作片断。

完全正面拥抱时，躯干和两腿的接触并非一个丰富的源头，道理不难理解。在公开场合下，成人这两个部位的接触离性禁区很近了。

然而，完全拥抱接触的还有一个部位，那就是头部。情绪激动时，头部侧面贴近，用手抚摸或用嘴唇触摸。从这几种动作我们的确看到三种在日常生活中广泛使用的重要的动作片断，可以分别命名为头碰头、手碰头和亲吻。

头部接触。触摸对方头部或两人头部贴近是年轻恋人的典型动作，前者尤其如此。年轻恋人手碰头的动作是年龄较大的夫妻的 4 倍；至于头碰头的动作，前者的频率约为后者的 2 倍。这两种亲密的身体接触和搂肩式拥抱形成鲜明的对比，年龄较大的夫妻更多见搂肩式拥抱。

男性很少头碰头。他们"碰头"时，一般并不真的碰头，其功能是亲热交谈而不是真正的身体亲密。如果一个男性碰另一位男性的头，一般是出于三种特殊原因：急救、祝福或攻击。如果一位男性（或女性）看到车祸受害者，伤者孤立无助的情况传递出婴儿般的信号，他很难不去施救。比如，在被刺的受害者的照片中，几乎总是可以看见有个人捧着他的头。从医学原理看，这个动作的合理性使人生疑，医学的逻辑在这个动作里没有一席之地。这不是训练有素的急救动作，而是父母呵护无助幼儿的基本动作。未经训练的人，在采取急救行动之前，很难停下来理性地评估受害者的伤势。相反，他会伸手、触摸或抬起伤者，这是他抚慰伤者的动作；他根本没有想到，这可能会给伤者造成进一步的伤害。袖手旁观、冷静考虑最佳步骤，那会使他很痛苦。安抚的身体接触动作是无法抗拒的冲动，但我们不得不面对这样一个事实：有时这种急救的动作会使受害者死亡。在童年时代，我不知道发生了什么，曾经目睹一个人就是这样被"救"死的。车祸后，焦急的目击者急忙以安抚的手抬起他，把他放进汽车，急送医院。这一爱的行为把他害死了，他的肋骨刺穿了肺脏。如果他被"冷漠"地留在原地直到担架来，他就可能活下来了。这就是悲剧发生时渴望身体接触的冲动的力量，男女都一样，因为灾难不分性别。

牧师的祝福是不分性别的，类似主教在授圣职礼和坚振礼时手碰受礼教徒的头部。在这里，我们再次模仿原生性的亲子关系。

男性打男性头部的动作本身不用论述，但它成为男人之间亲密行为另一个可能的源头。如果一个男人出于友好想要摸一摸另一个男人的头，而友好的爱抚性动作又受到抑制，他可以用假装攻击的简单一击。他不用手去抚弄对方的头，因为那含有强烈的性意味，他可以开玩笑地"假装攻击"，比如抓一抓对方的头发，揪一揪对方的脖子。嬉闹打斗可以延长亲子亲密接触的时间，同理，不少男性身上可以看到许多这样的打斗嬉闹，这使他们既维持了男子气，又表现出朋友的亲密。

亲吻。这里，我们将谈论原生性拥抱的最后一种重要的派生动作，即亲吻，这一动作十分有趣，历史复杂。如果你认为这一动作简单，那就想一想你自己的许多亲吻方式，即使在今天所谓的不太拘泥礼仪的社交活动中，亲吻的动作也是相当复杂的。你吻恋人的嘴唇、异性朋友的面颊、婴儿的头顶；如果孩子的手指痛，你亲他的手指"使它好些"；即将面临危险时，你亲吻吉祥物"祝自己好运"；如果你赌博，你先吻吻色子再投掷；如果你是男伴郎，你会吻新娘；如果你是教徒，你吻主教的指环表示尊敬，你宣誓前吻《圣经》；送别的亲友走出一段路后，你吻吻手给他们一个飞吻。可见亲吻这个动作并不简单，如果要了解其奥秘，我们必须再次将时钟倒转。

人体最敏感的部位是指尖、阴蒂、龟头、舌头和嘴唇。嘴唇在亲密接触中用得很多，这不足为奇。嘴唇最初的角色是在妈妈的乳房上吸奶，除了吸到乳汁以外，婴儿还得到触觉上的奖励。这得到实证研究的证明。不幸罹患先天性食道狭窄的婴儿只能靠人工喂养。观察证明，如果给它们安抚奶嘴吮吸，就可以使它们安静下来，停止哭闹。既然它们从来没有用嘴巴吸过乳汁，安抚奶嘴给嘴唇的快感和一般婴儿吸奶的快感就没有关系，那必然是为接触而接触的快感。由此可见，嘴唇接触柔软物的动作本身就是重要的、原生性的亲密行为。

　　婴儿在生长过程中与妈妈的头部接触，感觉到妈妈的嘴唇贴着它的肌肤，也感觉到自己的嘴唇接触到妈妈的肌肤。在此容易看到，早期的嘴唇接触能发展成为友好的文化行为。儿童拥抱时，常常用嘴亲父母的面颊和头侧。我已说过，古人两性完全的拥抱比较自由，地位相等者常常用亲面颊的形式。在某种意义上，这是直接从童年时代沿袭下来的比较原始的文化，没有经过多少修饰，而且世代相传直到今天。在我们的文化里，男女朋友和亲属在见面和告别时常用这样的亲吻，并没有任何性含义。成年男人也可以这样亲吻，在成年男人之间，亲吻的动作因国家而异，法国人比英格兰人更接近古风。

　　直接的嘴唇对嘴唇亲吻经过了另一个历程。在有些时代和有些地方，密友用这样的亲吻并没有性含义。不过，即使对密友而言，这种嘴对嘴的亲吻似乎还是太亲密了；一般地说，它越来越局限于恋人和夫妻之间。

　　女人的乳房既是哺乳的器官，也是性信号。虽然和婴儿吸奶的动作相似，但成年男人亲吻女人乳房完全仅限于用在性的语境了。毋庸赘言，亲吻生殖器完全是性行为；同理，亲吻身体的其他部位尤其是躯干、大腿和耳朵也只能用于性的语境。然而，身体的某些部位被用作特殊的、无性含义的亲吻了，这种亲吻可以称为"臣属之吻"或"敬畏之吻"，它和"友谊之吻"及"性爱之吻"截然不同。若要理解这种无性含义的亲吻，我们就必须考察地位低的人在强势人物面前的表现。

众所周知，动物行为研究的结果显示，使强势动物息怒的方式是使自己显得矮小，借此减少对它构成威胁的外观。如果你对它的威胁减少，它就不太可能把你当作对它优势地位的挑战，不太可能对你发起攻击。既然在它之下，它就对你不屑一顾，从打比方的角度和字面上都可以这样说：你是弱者，这正是你想要的结果（至少暂时的结果）。于是，我们看见各种动物身上出现的各种各样的蜷缩、蹲伏、匍匐、佝偻、目光下垂、俯首示弱。

人类的动作与之类似。在没有明确程式的情况下，弱者的动作就是蜷缩在地，但在许多情况下，弱者的回应经过了高度的程式化；这些程式的地区差异和时代差异相当大，然而，它们并没有跳出生物学分析的范围，因为无一例外，这些动作的基本特征显然和其他动物表示顺从的动作有一定的关联。

人最极端的顺从体姿是五体投地，全身俯卧，脸朝下。除非埋入地下，否则你的身体已经低得不能再低了。相反，地位显赫的人可以从高台或御座上俯视弱者的低下，这是历史上常见的一景。在古代王国里，这种俯首称臣的体姿司空见惯，囚徒对虏获者、奴隶对奴隶主、仆从对统治者都俯首帖耳。从匍匐到直立，有一整套表示顺从的程式化动作，我们可以从下到上扫描这个阶梯。

匍匐上面的一级是东方世界的叩首礼，身体不趴下，但双膝跪地，上体弯曲，额头触地。叩首礼往上是跪拜礼，双膝跪地，但身体不前倾。在古代，这也是对贵族老爷的礼节。然而，到了中世纪，跪拜礼演变为半跪礼，单膝下跪。按照当时的教诲，男人的跪拜礼只能留给上帝，对上帝崇敬应该超过对君主的尊敬。到了近代，我们任何时候对任何人都难得行跪拜礼了，除非在某些有皇室成员莅临的隆重国礼时。不过直到今天，教徒在教堂里还在行跪拜礼。上帝维持了至高无上的地位，胜过了现代统治者。

从单膝下跪上升一级，我们看到屈膝礼，这是膝盖半弯的意向动作。一条腿略微后移，仿佛膝盖要触地，接着双膝略弯，但都不下跪，身体不前倾。莎士比亚之前，男男女女都行屈膝礼；在这个方面，两性至少是平等的。那时，男人的鞠躬礼尚未出现。屈膝礼兴起以后，俯首顺从的动作进一步压缩，半跪的动作退场，只用于对王室的尊敬了。

到 17 世纪，男女两性的礼节分道扬镳：男子行鞠躬礼，女子继续行屈膝礼。两种礼都对尊者降低身子，但方式完全不同。自此直到今天，情况大体相同，但使用范围已经减少。到 19 世纪的维多利亚时代，王政复辟时期男子花哨的鞠躬礼既简化又僵硬，屈膝礼只剩下一起一伏的动作。今天，除非面谒强大的君主，女性也很少行屈膝礼了；至于男性，即使行鞠躬礼，也不过点点头而已。

唯一的例外是表演结束后的谢幕。扮演者回归几百年前的鞠躬礼和屈膝礼。有趣的是，我们在这里看见一个新趋势，女演员像男演员那样行鞠躬礼。回归顺从行为的两性平等似乎是其他一切事务中两性平等的反映。女演员行鞠躬礼和现代女性的男性化没有关系，她们行鞠躬礼似乎有另一个原因。可能是刚好相反的原因，古代的男女人物全都由男演员扮演，一半的男演员扮演女角。也许，她们行鞠躬礼是传统力量使然，她们在模仿古代的男扮女角。然而，即使把古代传统因素考虑在内，这一解释似乎也不太行得通。看来，更加合理的解释似乎是，她觉得自己加入了男演员的行列。

如今，古代日常见面的鞠躬礼等礼节已经被更加直接、身体直立的握手礼取而代之。终于，见面礼不用降低身体了。我们见面时身姿挺拔，如此完成了从匍匐到直立的漫长旅程。今天，不仅"人人生而平等"，而且成年以后至少在行见面礼时是人人平等的。

我详细介绍了这些程式化的见面礼，尽管事实上，直到握手礼之前，都没有身体接触的亲密行为。这似乎偏离了我们的主题——亲密行为，但这一偏离是必要的，因为那一切见面礼和"敬畏之吻"有重大关系。起初我说，古代两位平等的人亲面颊，当然那是两位都站立、身体所处的高度都相同的人。然而，弱势者和强势者亲面颊是不可思议的。如果他要想用嘴唇亲吻来表示友谊，他必须要放低身段，用符合他地位的方式去亲吻。最卑贱者亲吻强势者的脚。至于无尊严的囚徒，连吻脚也是不够格的，他只能亲吻尊者脚边的地面。到了近代，统治者不再是他们曾经的样子，这种卑贱的亲吻礼变得十分罕见，但即使现在，埃塞俄比亚的皇帝还在公共场合接受臣民的吻脚礼。我们还在用"亲泥土""吃尘土""舔靴子"之类的俚语，这使我们想起昔日的屈辱。

至于地位不那么低的人，他可以亲吻尊者衣袍的褶边或膝头。比如，主教就可以吻教皇的膝头，但地位更低的人就只能满足于亲吻教皇右脚靴子上绣的十字架了。

再沿身体更高一点的部位往上，我们就来到吻手礼。这曾经是对男性尊者的礼节，但今天，除了对地位最高的教士之外，吻手礼仅仅是对女性尊者的礼节了，即使保留下来，吻手礼也仅限于某些国家的某些场合了。

人体可以亲吻而不带性含义的部位有四处：吻面颊，表示友好平等；吻手背，表示尊敬；吻膝头，表示谦卑顺从；吻脚，表示卑贱。用嘴唇亲吻的动作是相同的，但亲吻的部位越低，亲吻者的地位就越低。尽管这些礼节铺张而讲究，但它们实际上和动物缓和气氛、防止攻击的典型动作是非常接近的。剥掉模糊的文化变异而观全貌，即使最高雅的人类行为模式也非常接近我们看到的动物行为了。

上文罗列了现代亲吻动作的若干形式，其中一些我尚未作出解释，比如吻色子然后才投掷，吻吉祥物，吻受伤的手指头等。这些动作和类似的动作基本上是祈求好运的动作，它们和"敬畏之吻"是有关系的。你不可能亲吻至高无上的上帝，所以教徒不得不亲吻上帝的象征，比如十字架、《圣经》和类似的圣物。因为亲吻这些物品象征亲吻上帝，如果亲吻带来好运，那是因为亲吻取悦了上帝。拉斯维加斯的赌徒先吻色子然后才投掷色子。想象他在亲吻上帝，似乎有一点荒唐，但那的确是他亲吻上帝的象征性动作，就像交叉手指乞求好运一样。这和他亲吻十字架一样，那"敬畏之吻"是乞求上帝息怒。我们吻手或飞吻以示告别，那是另一种古老的动作；那时，吻自己的手比吻尊者的手更谦卑。现代机场迎送时行的吻手礼是古老风俗的遗存，不过，保持距离的象征成分更重，谦卑的象征退居其次了。

握手。吻手送别的礼节是最后一种拥抱的片断动作。讲完各种拥抱的片断动作以后，我们来到最后一种重要的成人身体接触动作——握手礼，这一动作值得我们详细考察。上文提到，握手礼的流行只有一百五十年的历史，但其前身——拉手动作——则很悠久。古罗马人拉手保证信守约定，其首要的宣誓功能几乎延续了两千年。比如，中世纪的男子可能会跪在权势者面前，拉着他的手宣誓效忠。到 16 世纪，拉手的动作加上了摇手的动作。莎士比亚的《皆大欢喜》里有这样一句台词："他们握手摇摇，宣誓结为兄弟。"这也是信守约定的功能。

到 19 世纪初，情况有所变化。虽然握手的允诺、缔约、守约功能依然存在，但握手用作日常见面礼的功能开始出现了。变化的原因是工业革命和中等阶级（middle classes）的激增，他们在贵族和农夫之间打下一个楔子，使其距离加大。这些中间人士从事实业和贸易，随时都在"进行交易"和"洽谈合同"，不可避免地要握手。交易和贸易成了新的生活方式，社会关系日益围绕商贸展开。如此，缔约时的握手就进入了社交场合，其讯息是传递"我想和你礼尚往来"的含义。逐渐地，握手礼战胜了其他见面礼。如今，它已经在世界各地流行，成为主要的见面礼，不仅地位相等的人握手，而且下属和上司也握手了。过去，我们有许多形式用于各种社交礼节，今天，我们只剩下一种握手礼了。总统与一位农工见面时的动作和农工与总统见面时的礼节是一样的，他们都伸手、握手、摇手，都微笑。此外，一位总统和另一位总统见面时，一位农工和另一位农工见面时，他们的动作也是一样的。从身体接触的亲密行为看，时代确实变了。这种全球通用的握手礼使事情简单了，但这只是问题的一面，另一方面，它又使问题复杂了。我们知道，握手是恰当的礼节，但什么时间握手？谁向谁伸出手呢？

现代礼仪书充满互相矛盾的忠告，说明这里存在混乱的礼节。一本书告诉我们，男人决不能先伸手去和女人握手；另一本书却告诉我们，世界上许多地方是男人主动伸手。一本书说，年轻人决不能先向长者伸手；另一本书却说，每当拿不定主意时，我们都应该先伸手，而不是冒险去怠慢人。一位权威坚持说，女人应该起身握手；另一位权威却告诫她要坐着不能起身。还有更复杂的因素：主客之别，男主人伸手握女宾，男宾等女士先伸手。还有商务关系和社交场合的区别。一本书甚至说，"握手根本就没有规则可循"。显然这是绝望的极端言论，真实的情况是，规则太多。

显而易见，表面看上去简单的握手存在着隐蔽的复杂性。如果要理解上述混乱言论，我们就必须揭示这种隐蔽的复杂性。为此，我们必须看看握手动作的起源。如果回溯到人类的近亲，我们就看到，低位的黑猩猩常常向高位的黑猩猩伸出一只疲软的手，做一个乞讨的手势。如果得到回应，两只黑猩猩就会碰碰手，这个动作很像我们草草了事的握手。起初，这个信号的意思是："瞧，我是乞丐，无害，不会冒犯你。"回应的信号是："我也不会攻击你。"这就是说，黑猩猩的伸手动作既可能是下对上，也可能是上对下，弱者表示臣服，强者表示安抚，还可能是地位平等的黑猩猩表示友好的动作。虽然如此，它基本上还是息事宁人的动作；如果将这一乞求动作转换为现代礼仪书的语言，我们就会看到，其重点是弱者向强者伸手。

巡视古代的拉手礼时，我们可以用类似黑猩猩的语境来观察。具体地说，伸出的空手显示没有武器，这可以解释为何伸出去的总是右手，即握武器的手。伸手的人可以是弱者，显示臣服的姿态；也可以是强者，要弱者放心，握手成为约定的手段，至少表明两人暂时地位相等。然而，就其本质而言，双方都没有声张强势地位，无论其相对地位如何，他们至少暂时显示自己无敌意。

这可能是现代握手礼的源头之一，但还有一个源头又使情况模糊不清。男性对女性的问候礼之一是吻手礼。女性伸出手，男性接过来用嘴唇亲吻。后来，握手礼更加程式化了，亲吻的要素逐渐减弱，直到男性的嘴唇靠近女性的手，却停在半途，并不真的去吻，双唇在半空做亲吻的动作。进一步程式化以后，有时只剩下男性握着女性的手，举一举，同时微微颔首。经过这样的修正，吻手礼只不过像轻轻的握手礼，握着手摇的因素就省掉了。有人说这就是现代握手礼的源头："作为身体接触致意的动作，握手礼似乎是稍晚从'亲面颊'和'亲手'派生出来的动作。"他认为，在这个方面，伸手接受吻手礼的一方基本上是在强调自己强势的动作，因而它和缔约式握手的展示行为截然不同。

真实情况是，关于现代握手礼的起源，拉手说和吻手说都是正确的。其双重源头正是现代礼仪书诸多混乱的原因。重要的是，我们握手并不是只有一个原因，而是有很多原因：问候、告别、签约、呈交、祝贺、接受挑战、表示感谢、表达同情、和好、互相祝福等。这里有两个要素。有时它象征友谊，有时它象征的仅仅是握手那一刻的友好。经人介绍我与人初次见面时，我握手纯粹是出于礼貌，至于我们过去和未来的关系如何，那是没有关系的。

换一种方式就可以说，现代握手礼是双重源头的动作，由于表象的掩盖，它似乎只有单一的源头。"约定式握手"和"问候式握手"的源头不同，功能也不同，但由于两者看起来相同，我们就把它们视为简单的"友好式握手"了，混乱即由此而来。直到维多利亚时代早期，握手礼都没有产生混淆的问题。以后，男人之间的"约定式握手"产生，表示"一言为定"；男性对女性的吻手礼同时产生，表示"和您见面不胜荣幸"。但维多利亚时代的人们开始混淆商务生活与社交生活，于是两种活动就混淆不清了。有力的"约定式握手"力度减低，轻握女子的握手礼就弱化为吻手礼了。

我们今天乐意接受握手礼，但19世纪的法国人却抵制握手礼，他们把握手礼称为"美国式的握手"，来访的美国人和未婚的法国女郎握手时，他们皱眉蹙额，表示不快。不快的原因与其说是身体的接触，不如说是他们把握手当作男人的动作。美国男宾的动作被解读为"约定式握手"，是和初次见面的女孩子缔结友谊的纽带，因而极为不妥。当然，外宾觉得，他们的握手礼只不过是礼貌的致意。

在此，我们回头说礼仪书里的误解和混乱。大问题是谁向谁伸手。如果不先伸手、看起来不友好，这是侮辱人吗？先伸手，看上去像在索求吻手礼，这也是侮辱人吗？对社交场合的仔细观察显示，握手人靠仔细观察线索来解决谁先伸手的问题。他们搜寻对方最细小的意向动作信号，一看见对方的手臂轻轻一动时，自己就急忙伸手，以造成同时伸手的印象。造成两人困惑的原因是，行其他的大多数礼节时，都是低位者首先表示尊敬：士兵向长官敬礼在先，长官还礼在后；年轻者总是先向年长者鞠躬。但吻手礼却是另一番景象。起初，女性必须先伸手；因为吻手礼源于握手礼，所以这一规则至今适用于大多数场合。今天行握手礼时，男性仍然等女性伸手，仿佛还是在等着行吻手礼一样。然而，既然吻手礼已经消亡，如果男性不先伸手，那就等于说，他是长官，她是士兵，所以她必须先敬礼。所以，礼仪专家们才提出那么多警告和含糊其词的忠告。

握手礼的另一个源头是"约定"，这就使情况更加混乱。弱势的男子一般先伸手，他急于向强者示好。比赛结束时，一般是败者伸手向胜者伸手祝贺，意在显示，虽然战败，他还是要再次确认友好关系。于是，年轻的生意人急于向资深的生意人伸手时，那就有两种解读：他可能被认为是轻率（"你可以吻我的手"），也可以被认为是谦恭（"你是胜者"）。我们在此看到这样的局面，和社交场合一样，解决问题的一般办法是：两人观察细小的意向动作，同时同步完成动作。

由于握手礼复杂的过去和混乱的现状，你可能预料，在今天日益不拘礼节的世界上，握手礼在走下坡路；在某些情况下，趋势正是这样。社交问候日益偏重言语。20世纪中叶，礼仪专家宣告，"经人介绍时的握手礼在今天的英国正在衰减之中"。虽然如此，男性和男性的握手礼常见得多，男性和女性、女性和女性的握手却不那么常见。我的观察结果是，2/3的握手礼是在男性之间进行的；在其余1/3的握手礼中，异性的握手是两位女性握手的3倍。这些数字符合握手礼的历史；因为男性继承了"约定式握手"，然后又赋予它问候的功能，使男性之间的握手有了双重的价值。女性与男性的握手礼继承的是吻手礼，但女性并未在商务活动中获得平等的角色，所以她们在"约定式握手"中处在弱者的地位。女性与女性从未行过吻手礼，所以她们在"约定式握手"和"问候式握手"中都处于弱者的地位，处在握手者一族的底层。

关于握手这一独特的身体接触形式，最后要说的一点是：恋人绝不会握手。这一点似乎一望而知，却耐人寻味。在多数国家里，已婚夫妇也不会握手。如果你问一位已经结婚12年的英国男子，他上一次与妻子握手是在什么时间，他的回答可能是12年前，而不是12天前。这就是说，握手无疑是最缺乏爱意的身体接触形式。在本章介绍的其他一切身体接触形式中，从完全的拥抱到亲吻的一切身体接触都具有强烈的性含义。它们都起源于相同的原生性源头，都是恋人和夫妻之间的动作，而不是其他任何角色的成人的动作。恋人和夫妻之间做这些亲密动作时，大多数情况下，必然有特殊的环境使之成为可能。与之形成强烈对比的是，握手的源头不是温情的拥抱，而是男性的约定式行为，所以它能避免引起性联想的种种问题。即使稍后出现的吻手礼也没有产生令人尴尬的问题，因为在被纳入握手礼之前，吻手礼已经是程式化的、去掉了性含义的表示尊敬的动作。因此，两个强壮的男性能够用力握着手摇，即使握到手发青也不会有暧昧的风险。握手时上下摇，两手悬在半空，其典型特征是多粗犷、少温柔；即使远距离看，男性的握手和恋人的手挽手也是截然不同的。

在这一章里，我们考察了在公开场合下成人之间的行为方式，我们看到婴儿全身紧贴、没有抑制的亲密行为是如何被抑制、分类和贴上标签的。我们可以论证说，这一演变的原因是，与婴儿相比，成人需要更大的独立性和流动性，比较多的身体接触可能会限制他们这方面的需要。这固然可以解释实际用于身体接触时间的减少，但不能解释成人之间的亲密接触依然存在的事实。我们还可以说，原因是成人不那么需要身体接触，但如果真是这样，那么，他们为什么花那么多时间到书籍、电影、戏剧和电视中去欣赏第二手的亲密行为呢？为什么流行歌曲老是日复一日不断地高唱爱的调子呢？我们还可以说，我们很少彼此触摸，那和我们的地位观念有关，既不想被地位低的人触摸，又不敢触摸地位高的人。然而，如果情况真是这样，那么，我们为何没有和地位相等的人发生更亲密的接触呢？我们又可以说，我们不想使自己的亲密行为和恋人的亲密行为混淆，但这一说法能够解释恋人在公开场合也限制自己私下的亲密行为吗？

上述观点都能够给出部分的答案，但它们都漏掉了一个因素。这个隐蔽的因素似乎具有强大的纽带效应，即亲密行为会对当事人产生影响。身体亲密时我们感情上不可能不"亲密"。在繁忙的现代生活中，我们抑制这样的亲密关系，即使我们需要这种关系也加以控制。我们的关系太多、太模糊、太复杂，而且常常太不真诚，所以我们不能冒险去形成那种原生性身体亲密的纽带。在无情的商业世界，我们可以对一面之交的女孩置之不理，我们可以背叛仅仅是搂过肩的同事；然而，如果身体接触更亲密呢？如果在没有性行为的情况下，我们发生了进一步的亲密接触，结果又怎么样呢？如果这样，当断即断的决策时刻来临时，我们就会看到，自己的决心软化了，竞争力衰退了——这是毫无疑问的。如果我们不敢冒这样的危险，如果不想卷入这些强大的、不讲逻辑的相互关系，那么，我们肯定不想在公开场合看见别人招摇，因为别人的招摇使我们想起那些非理性的亲密行为。所以，年轻的恋人可以私下亲热，如果他们不理会我们的要求，我们就可以立法限制公开场合的亲密行为。情况就是这样，直到今天，即使在一些文明国度里，公开场合的亲吻仍然是犯罪：温情的触摸成了不道德、不合法的行为，温情的亲热在法律上等同于偷窃罪。所以，快把亲热藏起来，以免我们看见我们失去的东西！

有时有人说，如果那些嘴唇紧绷的公共道德的捍卫者用爱心去拥抱一下，彼此抚摸一下脸，亲吻一下面颊，他们可能就会突然觉得自己该回家，让别人随心所欲地去交朋友、去示爱，让人不再忍受卫道士绝望的嫉妒了。但鄙视这些卫道士是毫无意义的，因为社会编织了自己的紧身衣。我们生活其中的熙熙攘攘的动物园并不是公开亲热的理想场所。这个世界因人口众多而受到污染；我们本该伸手表示友好，可是我们不小心就会碰撞到陌生人；我们本该拥抱和说笑，可是我们却迎头相撞、骂骂咧咧。到处都是陌生人，所以我们就畏缩而不与人接触了。我们似乎别无选择，唯一的补偿是更倚重私下的亲密行为，但我们经常连这一点也难以做到。我们在公共场所的约束似乎影响着我们和家人的亲密接触。对许多人而言，解决问题的办法就是欣赏第二手的亲密行为，他们晚上花大量的时间看电视、电影，听流行歌曲里无穷无尽的卿卿我我，贪婪地欣赏专业演员放纵的触摸和拥抱，或者阅读小说和杂志里诸如此类的描写。对其他一些人而言，还有其他伪装得更深沉的选择，我们将在下文里看到这样的亲密行为。

第五章

特殊亲密行为

研究婴儿和恋人行为的结果表明，两个人身体亲密接触的程度取决于两人的信赖程度。现代生活拥挤的状况使我们周围遍布陌生人；我们不信任陌生人，至少不完全信任陌生人，所以不遗余力地拉开和他们的距离。大街上你躲我闪的复杂情形就是证明。都市生活的忙乱造成紧张，紧张造成焦虑和不安全感。亲密行为安抚焦虑和不安全感；于是就出现矛盾，我们越是被迫拉开距离，越是需要身体接触。如果我们爱的人也爱我们，他们和我们的亲密接触就足够了，我们外出面对世界时就不用拒人于千里之外。然而，倘若我们所爱的人没有给我们足够的爱，倘若我们成年后没有和朋友或爱人打造密切的关系，又没有孩子，那怎么办呢？假如我们建立了亲密关系，但这些关系突然破裂，或僵化为冷漠和疏远的关系，如果那"爱"的拥抱和亲吻程式化，成了像公开场合握手那样的走过场，那又怎么办呢？许多人作出的回答就是抱怨和忍受，但解决办法的确是有的，其中之一就是雇佣专业的触摸人，这个措施能够弥补业余触摸人和情人的缺憾，因为这些非专业的触摸人不能给我们提供迫切需要的亲密接触。

　　所谓专业的触摸人是谁呢？回答是，他们是完全陌生或半陌生的人，在提供专业服务的托词下，他们需要触摸我们的身体。这一托词当然是必需的，因为我们不想承认，我们不安全，需要另一人的触摸来给我们安抚。那就太"软弱"、幼稚、退化，那有损我们自我驾驭和独立自主的成人形象。所以，我们必须要在伪装的形式下得到专业人士提供的亲密"药剂"。

最流行和普遍的方法之一是生病。当然不是重病，只是小恙，促使他人作出安抚的亲密动作就足够了。大多数人都可能想象，自己生小病受侵害，不幸撞上致病的病毒、细菌或寄生虫。比如，患重感冒时，他们会觉得任何人——凡是和他们一样在拥挤的商店里购物、挤过巴士、参加过拥挤派对的人——都可能生病，因为那些地方总是能听到咳嗽声和喷嚏声，把病菌散播到空气中。然而，事实并不支持这样的观点。即使在流感高发期，许多同样接触流感源的人并不生病。他们并不病倒卧床，这是怎么回事呢？医务界人士尤其健康，原因何在？他们整天接触感染源，大量接触，日复一日，但他们生病的人数似乎和接触病原的情况不成比例。

由此可见，小病未必完全是不幸的事情。现代城市里到处都是有害的微生物。几乎每天，几乎在我们出入和呼吸的每个地方，我们所接触到的细菌都足以使我们感染。我们战胜病菌，并不是因为我们能够规避它们，而是我们的身体有高效的防御机制，足以杀死百万计的病菌。如果我们生病，那不是因为我们偶然接触到病菌，而是因为我们降低了抵抗力。降低抵抗力的途径之一（除了过分讲究卫生之外）是都市生活造成了过分的压力和紧张。在抵抗力被削弱的情况下，我们很快就成了某种有害病菌的受害者，而有害病菌在我们周围是无处不在的。所幸的是，小病能不治自愈，小病使我们卧床的同时又给我们提供了以前缺乏的安抚。我们不妨称之为"速成婴儿"综合征。

觉得"提不起劲"的男人看上去虚弱无助，开始向他的妻子传递强大的假性婴儿信号，妻子立即自动回应，成为"速成父母"，硬要他卧床（婴儿摇篮），给他送汤送水，要他服药（婴儿食品）。她的声音更加柔和（妈妈的喃喃细语），她焦急不安，摸他的额头，忙个不停，亲密动作不断，这是他没生病时同样需要却未曾享受过的亲密接触。她安抚动作的治疗功能产生了奇迹，他很快康复，又去面对充满敌意的世界了。

上文的描绘并不想暗示他装病。病人真的生病而且看上去明显有病时，才能够充分激起必要的父母似的照顾。我们的描绘可以用来解释一些小病：这些病使人无精打采却不太令人痛苦，但发病率较高，病因是情绪恶劣。重要的不仅是要有病，而且要让人看见你有病。

有些人会觉得，这样的描述似乎有点愤世嫉俗，但那不是我的意图。倘若生活的压力需要我们从最亲近的人那里得到更多的安抚和亲密接触，并迫使我们回归婴儿床温暖的拥抱，那就是宝贵的社会机制，肯定是不能讥笑的。

实际上，这一机制是非常有用的手段，已成为一门重要产业的支柱。诚然，现代医学的技术进步令人印象深刻，我们取得了所谓征服环境的成就，但高发病率仍然令人震惊。大多数有病痛的人不会住院。他们可能看看门诊，买点药，在家自己调养。他们常患各种小病：咳嗽、感冒、流感、头疼、过敏、背痛、扁桃体炎、咽炎、胃痛、溃疡、腹泻、皮疹等。对病因的解释历代多有不同，过去叫作"抑郁症"，如今成为"病毒"，但病名基本上维持不变。仅就发病率而言，以上小病在现今疾病中占了绝对多数。

比如，英国人每年买药自己治病的就超过 5 亿人次，大约每人平均患病 10 次。买药的钱大约是每年 1 亿英镑。2/3 以上的小病不用向医生求助。

造成这一局面的原因很简单。我们的人口在不断增长，社区越来越拥挤，压力越来越大。人越多，用于医学研究的经费就越多，治病的医药就越来越好。然而与此同时，由于人口增加，社会压力增大，患病的概率就增大。于是，医学研究的需求也就越来越大，种种成就使人幻想一个没有疾病的未来，但这样的未来永远不会到来。

然而，假定我的论断是悲观情绪使然，假定医学奇迹最终登场，战胜并消灭了一切寄生虫，我们是否就能够进入一种梦想的境界呢？重压如山、心灵受伤的都市人是否就不会再病倒呢？是否就可以免于卧病寻求抚慰的拥抱呢？这样的奇迹极为渺茫。即使奇迹有可能出现，通向"速成婴儿"的几条路还是敞开的。而且，这些选择早已在频繁使用之中。即使在致病的病毒或细菌不存在的情况下，他总是可以说自己"神经衰弱"的。轻度的神经衰弱有一个好处：它可以在没有病菌的情况下出现，它作为吸引安抚的办法也是有效的。实际上，轻度的神经症非常有效，以至于杀人犯也可能用"暂时性神经失常"来为自己开脱，并获得减刑，根据是"有限责任能力"，在这里，他也可以被当作"暂时性婴儿"（temporary baby）。如果他辩解说，杀人时患了感冒，那不会令他得到多少宽慰，但如果他辩解说，杀人时压力太大、神经失常，那显然就是求活命的有力手段。他那借口的不利一面是，许多轻度神经衰弱症患者并没有表现出寻求安慰的外部病症。心灵受伤的人常走极端，期待引起他需要的反应。因为内心的痛苦不足以引起注意，所以经过一番歇斯底里的狂叫以后，他颓然倒下，那就很可能引起人来拥抱他，他就得到安慰了。如果病情太猛烈，他就会被紧紧抱住；不过即使病情太猛，他也并非失去一切，至少他以绝望的方式得到了一丝安慰，因为另一个人抱住他也算是亲密接触。除非他完全失去自控，否则他不会被迫穿上紧身衣，如果是那样，他就只能孤零零地在紧身衣的帆布袖筒里自己拥抱自己了。

在没有寄生虫的情况下，第二种办法就是用病人体内的微生物，这是他终生都带有的微生物。为了解释这个办法的工作机制，我们必须要细察，实际上是从微观上审视身体的外表。

有人想象，一切微生物都有害，本身就意味着疾病或肮脏，但这不符合事实。任何细菌学家都可以证明，这是地地道道的现代新卫生宗教观制造的神话，其传教士不断向信徒鼓吹，"消灭一切已知的细菌"，他们所用的圣水是消毒水，其上帝是绝对的无菌。当然，有害而致命的病菌的确是有的，无情地消灭这些病菌当然好，那是谁也不能否认的。至于那些主要的生命活动就是杀灭病菌的细菌，究竟应该如何对待呢？我们真想消灭一切已知的细菌吗？

实际上，一支有益的细菌大军保卫着我们每一个人，它们对我们无害，相反，它们在积极工作，维护我们的健康。在我们健康、清洁的皮肤表面，每平方厘米就有 500 万个细菌；每立方厘米的唾沫里就有 1 000 万个到 10 亿个细菌；每一次大便里就含有 1 000 亿个细菌，但我们的身体很快就补足了失去的细菌。这是成人的正常情况。倘若我们想方设法清除身上的细菌，我们就会生活在危险之中。除此以外，我们对偶尔外来的有害细菌的抵抗力也会降低。有人在实验室无菌条件下观察动物的生活，从中了解到这样的危害。人体正常携带的微生物对我们非常宝贵，但这里也潜藏着两难困境。我们不得不为它们的有益功能付出代价，这是因为当我们压力过大时，即使有益的细菌也可能失控。有些疾病不是因为别人传染的，而是我们体内"正常的"微生物突然爆炸性增长和"过分稠密"造成的。在此，减少交叉感染的一般卫生标准因人而异：我们不是"感染"疾病，而是随时携带着致病的因素。抑郁症病人常见的消化系统紊乱尤其是这样的情况。我们"肚子不舒服"时，常常归咎于吃了"脏东西"，但令人惊讶的是，健康而快乐的人狼吞虎咽却安然无恙。也许，几乎一切肠胃不适都是由于情绪恶劣引起的，而心情不好又是不适应现代生活的压力和紧张引起的。为了理解这个道理，我们只需要看看一部自然历史纪录片就行了。非洲平原上一群健康的秃鹫以食腐为生，它们吞食腐臭的尸骸；这样的场面使我们感到恶心，但秃鹫却大快朵颐。

需要安抚时的第三种办法比较极端。即使没有精神疾患，也没有内分泌失调，但由于激动而粗心，人就可能戏剧性地丧失防止意外伤害的能力。他绊倒扭伤脚踝时，咒骂自己"像婴儿一样无助"，立即就有人搀扶他，真把他当婴儿了。但意外真是"意外"吗？当然可能真是意外，但令人惊讶的是，人们防止"意外"受伤的能力却有天壤之别。最近，有人对因心情不好而致病的住院病人做了一番调查，控制组是意外受伤的病人，人们相信，这组病人住院是因为"意外"；这里所谓的"意外"有双重意义。调查结果显示，这些人受伤绝不是偶然的事故，他们感情上受挫的程度大大超过了内科疾病住院的病人。

由此可见，情感压抑、寻求安抚的都市人有几种办法获得安慰，他可以恰如其分地作出孤立无助的样子，借以促进帮助者给予他表示安抚的亲密动作。偶尔生点小病相当有好处，如果不能以一种方式得到好处，总会有另一种方式。然而，如此增加成人的亲密接触也有其缺陷。在一切情况下，身体欠佳的人总是要担任顺从的角色。为了得到安抚人的注意，他不得不处于弱者的地位，对安慰者而言，他身心上都是弱者。相反，年轻的恋人就不必是弱者，他们的"柔弱"是相互的，这不会贬低其地位。再者，病人恢复健康和力量以后，舒适的

"沐浴"很快就成了凉水,关爱他们的亲密行为也会遽然停止。他们得到的报偿是暂时的,延长受益时间的唯一办法是使急病成为慢性病,正是所谓的"生病享清福"。但这么做除了延长他们弱者的地位外,还有另一种危险:病情升级。安抚的火焰可能会失控,连房子一并焚毁。即使把生病作为权宜之计,对机体造成长期损害的危险总是存在的,溃疡患者就深知这样的代价。但许多人觉得现代生活紧张得难以忍受,对他们而言,这样的冒险是值得的。短暂的休息总是胜于不休息。如果幸运,养病的时间可以给他们的情感重新充电。于是,我们就可以说,从生物学的角度看,在今天拥挤的社区里,养病有相当重要的生存价值。

病人得到的安抚多半是亲友提供的,大多数情况下,亲友的亲密指数都戏剧性地增长了。不过,"生病"还给人额外的好处,那就是得到相当陌生的医务人员的呵护。医生是"有执照的触摸人",在禁止某种程度亲密行为的情况下,他们可以触摸病人。他们本能地了解自己工作里的这个因素,深知"临床态度"的治疗价值。轻声细语的安抚性、自信地号脉、叩诊、转动病人头部观察眼睛和口腔;对有些病人而言,这样的身体接触胜过成百颗药丸。

有时,医生让病人住院纯粹是由于情感因素。如果病人紧张的源头是外部世界,这一步就没有必要。只要待在家里卧床,他就可以逃避伤害他的紧张之源。但如果紧张之源就在家里,待在家里就无路可逃。如果情感的压力来自家里,即使他自己的卧室也未必能提供避难所,他只能蜷缩在床上,寻求他继续需要的安慰。如果是这样,唯一的解决办法是住院,并乞求上帝只允许亲友做短暂的探视。

如上所见,成人寻求亲密接触的住院办法利弊皆有,显然寻求其他办法更有好处。如果信教，他可以得到牧师有利无弊的抚摸，但如果没有这样的条件，他还可以得到其他几种使人舒适的身体接触。

他可以享受舒适的健身房和美容院；一支触摸人体的专业大军等着伺候他，他们按照他的意愿提供按摩、击拍、搓揉、打磨、除毛等服务。这就像"保健医疗"。令人抑郁的病态瑕疵一扫而光，取而代之的是自我感觉健美而俊俏的情绪，或者说表面上看就是这样的。不过，在这一切活动之下，显然隐藏着一个强有力的要素，那就是为身体接触而身体接触。从头到脚让一位年轻的按摩女按摩，对男人而言，那一亲密接触的过程几乎就像是在和她做爱。在某些方面，他的感觉胜于做爱，因为按摩结束时，她和他身体的每一个部位几乎都发生了亲密接触，她用丰富多样的手法接触了他的身体：挤压、触摸、有节奏地弹压。我们可以大胆地说，其中隐藏妙不可言的感觉，虽然两人没有直接的性接触，但有些男人就会感觉到这样非常亲密。

也许，这样的说法更正确：全身按摩太亲密，西方社会不会感到舒服。对个人来说，接受按摩的身体无疑是很舒服的，但从公共形象来看，按摩院在我们的文化中不是它可能展现出来的那种形象。一个潮流是实行性别分离，以减轻公众想象之中的色情形象：男人为男人按摩，女人为女人按摩。但在现代社会，即使这一步也没能使之被公众广泛接受；其实，这种疏经活血的按摩的固有功能是有益无害的。取消异性按摩以后，必然会铺平另一条路：人们暗中议论，那会产生同性恋的暧昧关系。只有非常强健的男子才不会遭到这样的猜疑。摔跤手和拳击手去按摩不会有问题。进球后庆贺的足球手可以公开地激情拥抱，不会遭到批评，因为他们承担着男子攻击性的阳刚角色；同理，拳击手可以全身抹油躺在按摩台上享受按摩师的服务，并不会遭到非难。从理论上说，其余的男性也可以效仿；无论同性按摩还是异性按摩，并不该引起性的猜疑，但实际的结果并不是这样。于是，不接受按摩的大多数人必须要靠其他途径去寻求身体的亲密接触。

解决问题的方式之一是增加按摩的人数，消除亲密的"两两成对"的氛围。许多体操房和健身房就采取这样的措施：许多人在一起锻炼，包括多种可能的身体接触，不带有"成人私下两情相悦"的味道。另一个办法是用无性别的机器拥抱客人，替代男女按摩师的服务；不用带有爱意的胳膊的拥抱，而是用冰冷的帆布带，靠机械手段去完成与客人的肌肤接触。

更常见的解决办法是把按摩部位限制在非私密的人体部位。在这里，我们进入了完全可以接受的理发师和美容师的领域，只是停下来最后同情地瞥一眼按摩院；在那里，从业者也尝试类似的限制，用羞羞答答的广告词说明只提供"手臂和腿部的按摩"。

在西方社会，我们不裹头巾，彼此可以公开看头部，所以，虽然理发师提供专业服务时穿得越来越少，却自然而然得到公众原谅了。这是因为无论理发师是男是女，他们提供的服务是大家看得见的。然而，正如前一章所示，触摸头部一般只留给最亲近的人，尤其是年轻恋人爱意绵绵的典型动作。在陌生的成人之间，摸头几乎是禁忌。在美容师的伪装下，理发师就为渴望亲密触摸的成人填补了一个空白。当然，这不是说，理发师的美容角色不重要，只是说，理发的功能不限于眼睛看到的表象。

具有美容和亲密双重功能的梳理头发至少有数千年的历史。如果把我们的灵长类祖先也算在内，我们有把握说，梳理头发已经有几百万年的历史了。在任何动物园里，我们都可以看到猴子或猿猴细心而温柔地用指尖梳理同伴的毛发，这里无疑有亲密的因素。仅从清理卫生的功能去看，那不足以说明，为何被梳理毛发的动物显得那样轻松而愉快。我们理发时也感到愉快，所不同者当然是，我们不能像多毛的猴子和猿猴那样，把互动拓宽到全身。我们裸露的肌肤有衣服遮蔽，我们靠裁缝师父那熟练而细腻的手指来调试新衣，隐隐约约间，这使我们回味早已失去的亲密身体接触。

一只猴子为另一只猴子整饰毛发，这是缔结社会纽带的行为，所以，人类的早期历史里罕有理发师就不足为奇了。这是因为头发的清理要由亲近者而不是陌生人来完成。当然，我们生活在小型部落里时，这是必然的，因为人人都互相认识。后来，都市革命到来，我们发现周围的陌生人越来越多，流行的趋势是将理发及相关的活动限制在熟人之间。再往后，中世纪以后日益复杂的理发技艺兴起，上层社会越来越注意头发的专业护理，专业理发师就得到社会的认可了。起初，女士理发是由理发师登门伺候的，目的是确保顾客的私密；稍后，更加高效的理发店逐渐开门营业，时髦的女士蜂拥而至。即使这样，到了 19 世纪下半叶，光顾专业理发店才成为普遍的习惯。那时，滚滚的时尚洪流汹涌而至。到 1851 年，伦敦已经有 2 338 家理发店；50 年之后的 1901 年，理发店的数字直线上升到 7 771 家，这个戏剧性的增长大大超过了伦敦市人口增加的幅度。部分原因无疑是经济因素，但另一个因素大概也是有的：维多利亚时代在其他领域遭到重重限制的女子要靠理发来寻求成人的身体接触。那个时代的行为准则极其严格，限制很多，理发师双手的抚摸显然是受欢迎的亲密行为。光顾理发店的女人越来越多，而且她们上理发店也越来越频繁了。到 20 世纪，这一行为模式从大城市推广到小城镇，几乎所有的女人都光顾理发店了。

这群职业触摸大军深知，除了简单的理发，现代顾客还渴望更多的亲密行为，所以他们就扩大了经营的性质。凡是皮肤暴露的地方，他们都予以精心的护理。修指甲开始流行。"面部护理"登场。护肤泥膏用来漂白，皱纹要舒展，面部要按摩，柔嫩的肌肤要"抛光"，专业的巧手为你演示最新潮的化妆品。1923年的《时尚》杂志宣称，"美容已成为全新的职业"。不可否认，这一切的首要动机是为了视觉上"好看"，但由于追求美容效果时享受的亲密动作越来越多，这些亲密的触摸动作无疑也有重要的意义。如果光顾现代美容院没有享受到触摸的服务，那就虚有此行了。

相比而言，现代男性享受到的亲密触摸服务就很少。有些男人喜欢修指甲和头皮按摩，少数人还偶尔修面，但大多数男人上理发店仅仅是剪剪发，然后就回家自己洗头。有趣的是，为了增加理发时的亲切感，理发师给简单的剪发增加了一点仪式。如果你是男性，下次理发时请注意剪子的声音；你将发现，每实剪一次，理发师就要"空剪"几次，实际剪发前，剪子总要在空中咔嚓咔嚓响几次。这种"空剪"动作没有任何机械的功能，仅仅是要造成剪刀在头皮附近忙忙碌碌响起来的印象，借以增加"综合触摸动作"的效应。

尽管如此，男性理发的亲密感很受限制。奇怪的是，今天的男性居然接受这种限制。或许，随着蓄长发的男性越来越多，我们能看到一些变化。但必须承认，迄今为止，亲密的接触没有增多，相反是在减少。如果要说有什么变化，那就是男性蓄长发的新潮产生了刚好相反的结果：连上理发店简单剪发的人都在减少，洗头多半是在自己家里完成的。只有在非常讲究的都市中心才有迹象表明，新潮的发型使更多的男人光顾理发店，至于这个趋势是否会传播开来，要看近来的发展。但蓄长发是时尚新潮流，如果它能保留下来，也还需要一段时间才能获得它曾经拥有的广泛的尊重。年岁较长的男性对此有一种不公正的"女性化"的偏见，他们还没有意识到，他们剪短发主要是防止生虱子。如今，生虱子的时代已经过去，如果再坚持所有的男性都要留短发，那就太没有道理了。只要这一偏见继续存在，许多年轻人就会有所顾虑，不太可能将蓄长发的趋势进行到底，就难以充分享受到非常讲究的亲密接触了。

现代男性比女性享受得比较多的唯一"美容"的亲密接触是擦鞋匠的服务，但即使是这个行业近来也在失去地盘。在大多数大城市里，擦鞋匠几乎成了非常稀罕的一景，只见于一两个特别指定的地方。除了上文提到的口交外，这恐怕是男人一生享受的唯一有人跪着伺候他的机会。（卖鞋的售货员坐着俯身为顾客服务，避免跪姿。）擦鞋匠的跪姿给人的奴仆印象太强烈，这大概是售货员卖鞋时放弃跪姿的原因。过去，人们比较容易接受这种屈辱的表现，所以这种屈辱性的伺候对双方都有报偿。但今天的情况截然不同，人人平等的思想日益受到尊敬，公开的屈辱性服务会令人尴尬。象征性的吻脚太令人难堪，擦鞋匠这一族正在快速消亡。这并不是因为我们不再对屈辱性的伺候做出回应——那未免太值得庆幸，而是因为我们不想让人看见我们在接受这种服务。

我们介绍了专业的触摸者，迄今提到的职业有医生、护士、按摩师、体操教练、健身教练、理发师、缝纫师、修指甲师、美容师、化妆师、擦鞋匠和卖鞋的售货员。还可以加上许多相关的职业，比如假发师、帽店售货员、手足病医生、牙医、外科医生、妇科医生、各种各样的医务人员和半医务人员。在后面这些专职人员中，罕有值得我们特别予以评述的人员。牙医一般使病人紧张，不可能提供口腔的亲密接触。外科医生的手术刀深入病人身体，比最激情的恋人有过之而无不及，但由于动手术要用麻药，所以他们几乎不可能影响我们的情绪。

妇科医生检查病人的动作和外科医生很相似，从外表描写看，他用手触摸病人的生殖器和恋人很相近，但结果恰恰相反，这里没有亲密触摸的舒服感，只有很尴尬的感觉。今天强烈的职业氛围使窘境缓和，双方都严守规矩，防止对性器官的接触产生可能的误解。握着女病人的手给她号脉有次生的安抚作用；相反，触摸其生殖器难免太亲近，所以情感上立即要踩刹车，绝不会产生安抚的好处了。

过去，生殖器检查的看似亲密的性质给好心好意的妇科医生带来了无穷无尽的麻烦。所以，非常的反亲密接触的步骤还是一定要坚持的。三百年前，妇科医生有时不得不爬进孕妇的卧室，使病人看不见触摸她私处的是谁。稍后，他还不得不在黑暗的屋子里检查病人，或在床单下摸索着接生。在17世纪的一幅蚀刻画里，产科医生坐在产床的一端，床单像餐巾一样塞进他的衣领，使他看不见自己的手在床单下的动作；这种反制亲密接触的措施使割脐带的操作特别危险。

尽管采取了这些稀奇古怪的预防措施，男性产科医生还是遭到猛攻。两百年前，一本兼顾接生理论和实践的学术书曾遭到公开的谴责，指控者称，这是"有史以来出版的最低级、最下流、最无耻的书"。毋庸赘言，谴责者总是男人，受苦的总是女人。千百年来，助产过程中亲密的性器官接触始终阻碍着妇产科的发展。一般地说，有资质的男性大夫被禁止靠近产床，助产的工作由既没有能力又很迷信的接生婆来承担。（助产"midwife"一词的意思只不过是"with-the-wife"，本身不涉及助产者的性别，但今天的人自然会联想到接生婆，这一联想反映了早期禁止男子接生的事实。）结果，大批妇女死于分娩，成千上万的婴儿在初生或还未满月时就夭亡了。大量的母婴死亡案例完全是由禁止助产者亲密接触产妇的规定引起的，这些规定使有资格的产科医生帮不上忙。

可见，禁止异性接触产妇身体的规定造成了严重的社会灾难，并影响到历史的进程。年复一年，无数的苦难接踵而至，理性压倒迷信、科学横扫古老偏见的局面尚待时日。通过遵守严格的医学伦理，产科才逐渐根除了早期的愚昧。即使如此，昔日的恐惧心态还是余波不绝。在身体接触方面，现代的产科检查仍然毫无安抚作用可言。

唯有在一种社会活动领域里，异性的身体接触才无恐惧可言，这个领域就是演艺界。在专业生活中，经过特许的芭蕾舞、歌剧和摄影界的男女演员享有特权，他们可以用性接触的方式来表演互相触摸。在演出过程中，他们可以根据导演的指示亲吻、抚摸、拥抱和拍打。如果这种亲密动作写进了剧本，那就符合社会"准则"了，男女演员就可以在工作日里享受到各种身体接触的抚慰。对这种没有保障的行业，这种安抚无疑是很大的好处，当然剧本和导演的极端要求有时会造成困难。即使是和专业同事一次又一次地假装做爱，要完全不让感情悄悄嵌入两人的关系，那也是很难做到的；而且两人动情、假戏真做的情况还常常发生，这就损害了两人在"真实"世界里和亲人的亲密关系。倘若假装的性亲热惟妙惟肖，真正的生物反应随之发生，再要去压制就很困难了。

娱乐界使我们眼花缭乱的明星还遭遇到另一种危险的身体接触，

狂热的崇拜者渴望和他们的身体接触。在公共场合，明星可能会陷入"粉丝"的重重包围，他们会争先恐后地去触摸明星。在比较温和的水平上，这样的欢迎使他们得到情感上的满足，但"粉丝"弄伤明星的情况时有发生。近来，追星族狂热的冲动令人震惊，他们渴望触摸著名的乐手、歌星甚至富有魅力的政界人士。在追求著名的流行歌星时，少女粉丝的狂热真是无以复加。最亲密接触的例子是"石膏族"（plaster-caster），歌迷说服其偶像给他们勃起的阴茎打石膏，以便在偶像离去以后还可以抚弄他们留下的阴茎模型。

说到流行歌星与粉丝的互动时，我们离开了职业活动中本身固有的触摸情景。按摩师或理发师不得不触摸顾客，否则他们就无法工作，但歌星唱歌时不必触摸或被触摸才能演唱歌曲。虽然他的特殊社会角色使他更值得触摸，但这是次要因素了。类似的例子见于其他领域，明显的例子是警察的工作。

警察的工作不是要触摸人，但他经特许可以比我们更自由地去触摸人。他可以用一种在公众中做会让我们感到厌恶的方式来对待我们。他可以在街上拉孩子的手而不会引起议论；他可以在人群中推我们，逼迫我们后退，我们受到警察这样的推搡，但并不神经紧绷。即使他们用暴力对我们，我们也不会像回击其他人那样对他们大打出手。在极端暴力的情况下，当他的克制力崩溃时，在强烈的挑衅下，他表现得就像身穿警服的暴徒；只有在这时，我们才会失去控制而抗拒他们。然而，与他们相比，我们的愤怒是无止境的，近年的街头骚乱就是证明。这就像我们给了他有限的特许，但他滥用了特许是不可接受的，就像合唱队指挥粗暴对待合唱队的小男孩、老师体罚学生一样。结果，一旦警察被迫一再失控，他们就会被称为可恨的人，愤怒的人群就会攻击警察。只有在英国那样的国家里，近年的民众骚乱中警民双方才表现出克制的迹象，因为英国警察上街值勤是不带任何武器的。仿佛双方被迫进行贴身肉搏，而不是劈头盖脸地用棍棒伺候，更不是远距离的、残忍地开枪射击；这里面似乎有一种避免敌对的自控机制。徒手搏斗不存在本质上的险恶因素；即使不用武器，手抠眼珠、脚踢裤裆的暴力也是可能的，但这样的残暴行为实际上是极为罕见的。和其他骚乱中头破血流的后果相比，伦敦和英国其他街头的徒手搏斗看起来就很文明了。具有讽刺意味的是，英国警民在骚乱中回归了前文明、前武器时代搏斗那种更密切的肢体接触。

众所周知，有一种老套的电影程式：两位令人尊敬的硬汉用拳头互相攻击以解决长期的纷争。常看电影的人都很清楚，看来两败俱伤、精疲力竭时，一种伟大的新友谊即将诞生。两位伤痕累累的硬汉虚弱地爬行、伤口绽开、吐出带血丝的牙齿时，他们会惺惺相惜地对望，笑逐颜开，互相钦慕。不一会儿，我们的两位英雄就会搀扶着爬到一间酒吧（附近总是有酒吧的）去喝一杯。我们敢肯定，两位朋友就雷打不散了，他们成为与一切恶行不屈不挠斗争的伙伴；到电影末尾，其中一人为拯救伙伴而勇敢献身，并在朋友关爱的怀抱里咽下最后一口气，而给他送终的是曾经把他打得鼻青脸肿的朋友。

这是一个浓墨重彩的故事，其寓意当然是：热情的敌人胜过冷漠的朋友；它值得我们从亲密接触的角度去进行研究。看来，只要有充分的个性基础，任何形式的身体接触即使是暴力的接触都可以使两位对手建立依恋的纽带。不用说，一概而论是危险的，当然不能把它作为暴力的借口，但如果因为暴力吓人就完全忽视这样的现象，那也是有危险的。

困难在于，近年来无人性的暴力规模空前、骇人听闻，对这个问题的研究几乎成为禁区。在对性行为比较宽容的社会里，一切暴力，无论其规模或语境，业已成为新理论探索受限的领域。广义而言，"要做爱，不要作战"的信条无懈可击，但上述程式化的打斗隐藏的讯息可能会使我们考虑，普遍规律还有例外。显然，我考虑的东西和上述野蛮打斗没有关系。相反我想的是，一些人成功地压制了自己的攻击性，即使在受到极端严重挑衅的情况下，他们也不会对自己的伙伴动一根手指头。如果在一切情况下都把这种非暴力推向极端，那就会造成反亲密行为的一种新形式。我举一个例子。

如果两个人不可避免地对彼此冷漠，不管出于什么原因，其关系最终就会在虚伪克制的氛围中被冻死。压抑愤怒的冷笑可以像利剑一样伤人。在某些情况下，愤怒爆炸成一排燃烧的火焰，伴随着温和但激励的互动的话，就能像期待已久的暴风雨清新空气一样，使爆炸性的紧张情绪获得释放。也许，这是几个月来第一次，一对吵架的夫妻真正拥抱在一起，尽管是猛烈地抓住对方的肩头摇晃而不是深情的拥抱，结果也产生了许久以来第一次真正意义上的身体接触。当然，这是一个绝望的局面，当我们以这种敌对方式去触摸对方时，它很可能失败。但偶尔它也可能成功，如果由于这种举动和当前的文化气氛格格不入就忽视它，那就等于忽视了强烈情感冲击的另一面：身体的亲密接触能够缔造两个人的情感纽带。

另一个相关的行为模式是儿童的打闹，有时可见于成人朋友之间。这里的身体接触也带情绪，打闹的同时又发出无言的讯息："虽然我出手，但你知道我并非真的要发起攻击。"然而，这一讯息很微妙，任何年龄的人的打闹都是微妙平衡的互动。掌击伙伴取闹的人很容易逆转这一信号，让它变成"虽然我假装闹着玩，但你可以从我这一掌的方式知道，我不是闹着玩的"。他之所以用掌击的方式，是因为这成了仪式化的、可以接受的打闹模式，但由于他的伴随动作以及他掌击的力度，同伴立即意识到，这一打闹模式已经讯息扭转了。

上述争吵的夫妻之间也存在类似的复杂情况。如果在极端挑衅的情况下，如果动作是轻轻的一记耳光，或抱着肩头摇晃，发出的讯息就是："虽然我想把你牙齿打落，但我会就此住手。"但如果挑衅不那么极端，那么即使是最温和的攻击性肢体接触也只会发出粗暴和令人不快的信号。

有时，打闹中存在着危险的可能性也见于两个男童的身上。由于穷极无聊，他们在街上玩摔跤。起初，他们遵守打闹的规矩。推搡和紧锁胳膊都以恰当的力度进行，有相当的力度，但又不至于成为真正的暴力。如果这一微妙的平衡意外被打破，一人受伤，双方情绪就为之一变。现在他报复的力量更大了，如果情况处理得不好，打闹就慢慢成为真正的打斗。信号的转换很难分析，因为闹着玩的摔打也像是真打。一般地说，显露真相的信号最初表现在面部，不是轻松、微笑的表情或假装气势汹汹的表情，而是面色凝重、紧绷，常常铁青和涨红交替。

至于职业摔跤手身上，模拟的情绪变化也是可以看到的。"恶棍"故意对那个"英雄"犯规，于是英雄大发雷霆，并向裁判大声抗议，以博取观众的同情。他猛扑向对手，似乎要从常规的搏击转向不加控制的暴力，以犯规对犯规，观众则吼叫以示支持。但在这里，连那种"不加控制"的攻击也是仪式化的，观众也熟知这一点。万一其中一位摔跤手真的伤害了对方，比赛就会立即叫停，不会允许"野蛮的报复"，同时不加掩饰的关切就会显示在各方人士的脸上。

　　离开这个危险的主题，我们可以转向更加安全、更多温柔亲密接触的舞池。这个活动领域的专业人士经特许可以与他人身体接触，但这样的接触是有限的。去舞厅的成人寻求某种身体接触，他们可以请老师指导，达到身体接触的目的。在一些地方，男性可以去舞厅，付费请专业舞伴；不过，今天的交际舞多半是业余人士的舞蹈。在派对、迪厅、舞厅和舞池，陌生的成人可以共舞，以正面贴身的形式在舞场上转动。交谊舞的特殊角色是：在特定语境下允许突然和戏剧性地增加拥抱的亲密接触，而其他地方是不允许这种亲密接触的。如果是在舞场外，陌生人或半陌生人这种正面相拥的亲密接触产生的冲击就完全不同了。可以说，舞蹈使拥抱的价值降格，使其门槛降低，舞伴可以比较轻松地享受亲密接触，不会有遭遇报复的恐惧。允许亲密接触以后，亲密接触就有机会充分发挥神奇的魔力。即使魔力未起作用，舞场情景的程式也允许人退出，并不会使人丢脸。

　　和许多其他的身体亲密接触一样，舞蹈历史悠久，可以追溯到我们的动物祖先。从行为的角度来看，舞蹈的基本要素是重复的意向动作。如果看一看鸟类的舞蹈展示，我们就会发现，它们有节奏的动作组合是这样的：起初走一个方向，突然止步，转到另一个方向，再次突然止步，接着重复起初的动作，如此循环往复。从一侧到另一侧，来回扭摆，腾挪起伏，卖力地在性伙伴跟前翩翩起舞。这种动作显示一种冲突的状态，一个欲望使之奔向一个方向，另一个欲望使之突然止步。在进化过程中，这些意向动作的节奏固化下来，它们的展示动作成为一种仪式。仪式的形式依物种而异，每一种仪式都成为特定物种交配前的典型程式。

我们的大多数舞蹈都具有相同的源头，但人类的舞蹈不会演化成一种固定的形式。相反，我们的舞蹈在文化中发展，形式千差万别。许多舞蹈动作只不过是某个方向的意向动作，但并不一走到底，我们止步、后退或后转，启动又一轮动作。在过去的数百年里，许多舞蹈只不过像小型的游行，一对对舞伴庄重地手拉手，在舞池里旋转，不时停步，调转方向，随着音乐的节拍起舞。因为舞蹈模式基本上是徒步旅行的模式，所以常见一种模拟致意的动作，比如鞠躬礼和屈膝礼的动作，仿佛两位舞伴刚见面。在民间舞蹈和宫廷舞蹈中，典型的形式是复杂的转动，在舞池里交换舞伴。其中的身体接触非常有限，不会有性接触的问题。它们只不过允许男女的一般社交接触。男性牵着女性的手旋转是非常仪式化的，他把她引向何方、有何目的等令人尴尬的问题都被堵塞了。

19世纪初，情况为之一变，一种新的狂热席卷欧洲：华尔兹舞到来。舞伴开始拥抱着跳舞，这种公开场合的亲密接触立即引起了广泛的丑闻和关切。这一步重大的变化需要借口，我们在上文的探讨中已经提及这种借口。在介绍手拉手的第一种借口时，我提到普遍使用的花招：以搀扶为掩饰的亲密接触。伸出的手表面上看是去支撑、搀扶，使对方站稳走好，不致摔倒。如此，实现身体接触而不引起惊恐的门槛就越过了。华尔兹舞也用同样的借口。刚兴起时，华尔兹的节奏快得令人吃惊，对体力的要求很高，所以舞伴不得不彼此抓紧，防止在旋转过程中脱手分开。这就是"搀扶"手腕，这一招使华尔兹成功进入舞厅以后，剩下的问题就是放慢速度了，互相搀扶的动作就变为更加温柔的正面贴身的亲密接触了。

未曾体会这种乐趣的老一辈，对华尔兹舞的贴身舞姿非常生气。

今天，华尔兹看起来古怪而过时，但起初它被说成是"污染"，是"上一个世纪和本世纪最堕落的舞蹈"。早期维多利亚时代的一本书《淑女礼仪手册》（*The Ladies' Pocket-Book of Etiquette*）用了十页的篇幅全面抨击华尔兹舞，谴责这种令人恶心的公开展示亲密接触的舞蹈。"请问任何一位母亲……她能同意让女儿在舞伴暧昧的怀抱里翩翩起舞吗？请问任何一位恋人……他能容忍心上人……躺在另一个男人的怀里吗？……请问任何一位丈夫……你能容忍你的妻子在花花公子的怀里团团转吗？"抨击之声不绝于耳。不到一百年前，费城的一位美国舞蹈教师还宣告，华尔兹不道德，因为它让一位女士被素不相识的男人拥抱。不过，对华尔兹的讨伐失败了，"邪恶"的华尔兹至高无上，牵引出各种正面贴身的舞蹈。这些新兴的舞蹈也相继被谴责道德败坏。

1912 年从南美引进的探戈也引起轩然大波。因为这种舞蹈保护"性暗示的屁股扭摆"，使目光如炬的卫道士想到性交。所以，探戈立即被斥为堕落。

抗拒探戈的讨伐败下阵来，爵士时代猛然登场。20 世纪 20 年代，气得发疯的舞蹈教师一次又一次召开紧急会议商讨对策，对付威胁他们体面地位的新时尚。他们郑重发布公告，强烈抗议爵士舞，反对这种新的狂热，指出：一切爵士舞都起源于黑人的妓院。

也许，对爵士舞最非同寻常的抨击是一篇报道的谴责："那种舞蹈、那种音乐、那种令人恶心的节奏和性交的节拍来自中非，引进它的是美国的一帮布尔什维克，其目的是攻击全世界的基督教文明。"也许，这种观点能够使我们真正看清人们对当前新潮的抨击，有人如法炮制，把当前学生的反叛、逃避现实和吸毒称为"红色阴谋"。

自问世以来，爵士舞诞生了几种强健的后代，每一种后继的舞蹈都牵引出了越来越多的公开拥抱的动作，使人皱眉头。20 世纪 40 年代出现了吉特巴舞，50 年代出现了摇摆舞，可是后来却发生了奇怪的事情。不知何故，舞伴突然不再拥抱。到 20 世纪 60 年代，舞蹈的拥抱动作迅速衰微。现在，只有老人、比较古板的舞伴才相拥旋转了。青年人跳舞时身体是不接触的，基本上是在原地跳。这种新潮始于摇摆舞，不久，许多令人困惑的新潮又接踵而至，比如恰恰舞、抖抖舞、克恰舞和弗鲁格舞。越来越多的新款舞蹈被认可，可是到 20 世纪 60 年代末，不同的流派混杂成为一种难以名之的混合舞，干脆就称之为"流行舞"。一切变异形式有一个共同的特征——没有身体接触。大概，这一变化在于性自由的明显增加吧。既然世风不允许维多利亚时代的夫妻私下放手亲热，那么华尔兹舞的拥抱动作对他们自然就意味深长了。然而，在今天享有很大自由度的情况下，谁还稀罕"特许"场合站着抱一抱呢？今天的年轻人跳舞时仿佛是在公开宣告："我们不需要在公开场合做做样子，我们要来真的！"

　　至此，我们概览了成人如何寻找特殊方式的亲密身体接触。从头至尾，从医生到跳舞的人，身体接触并不仅仅是纯粹的接触。没有任何一种接触是为接触而接触，每一种接触都给我们借口去触摸或被触摸，常常给我们鲜明的印象：实际的身体接触比公开宣示的活动更加重要。也许有一天，由于现代生活压力的增加，我们将要看见不必乔装的专业触摸人，有人会像出售珠宝一样出售拥抱吧。换一个角度说，如果购买他的专业拥抱，那就是承认我们的失败，说明我们没有得到我们从家人那里渴望的亲密接触。

　　无论发生什么情况，我们总是可以依靠替代身体接触亲密行为的替代手段，即言语的亲密安抚。我们可以不拥抱，但可以说一些互相安抚的话。我们可以微笑并谈谈天气，就情感交流而言，这样的空谈是可怜的替代手段，但它总要胜过完全的情感孤独吧。如果还渴望更加直接的接触形式，我们还有其他可供选择的形式：我们可以触摸动物或无生命的物体，将其用来替代我们想要触摸的人体；即使没有其他选择，我们总还可以触摸自己。在以下三章里，我们将探讨如何用动物、物体和自己的身体作为亲密接触的替代手段。

第六章

替代性亲密行为

成人世界是充满压力和陌生人的世界。在这个世界里，我们寻求亲爱之人的亲密安抚。但由于各种各样的原因，他们可能没有回应我们的渴望；无论是出于冷漠或者忙于现代生计的复杂情况，我们都会身处危险的困境，缺乏身体接触的基本安抚功能。由于心态畸形者的道德说教，我们的亲人可能会抑制自己的亲密行为，情不自禁地接受卫道士的观点：即使在最亲的亲人之间，享受亲密行为也是罪过，是邪恶；如果这样，我们对亲密接触的渴望就得不到满足，我们就感到孤独。然而，人类是富于创造才能的物种，如果我们被剥夺了迫切需要的东西，我们的创造精神很快就能驱使我们去找到替代手段。

如果我们在家里得不到爱，我们就到外面去寻找爱。被冷待的妻子会找情人，丈夫也会找情人，身体亲密行为将重新绽放。不幸的是，这样的替代办法并非总是能增进家人那点残存的亲热，反而会与仅存的温情争夺地盘，而且最终可能取代家庭的温馨，造成不同程度的社会损害。破坏力较小的一种选择是上一章介绍的专业人士经特许的身体触摸。专业人士的触摸有一个好处：它们不会与家人的亲密关系展开竞争。只要遵守严格的业务操守，按摩师的亲密接触就不能作为离婚的理由。然而，即使是专业的按摩师，无论其公开的借口多么有理，她心理上都是成人，必然被视为潜在的性威胁。"看见"的威胁很少被公开谈起，一般只在玩笑中提起。相反，倒是社会在努力，对这类专业人士的亲密接触的性质和环境强加越来越多的限制。首先，社会很少公开承认这种亲密接触。跳舞不是为了去触摸，而是去

"寻求乐趣"；看医生是为了治病，而不是去寻求安抚；理发是为了给发式定型，而不是让理发师抚摸头部。当然，这些公开的功能全都有道理，也很重要。必须要有这些功能去掩盖同时发生的另一种现象：寻求友好的身体接触。一旦公开宣示的功能不再重要，未得到满足的隐蔽需求就暴露无遗，所以我们必须提出一些基本问题，以拷问我们的生活方式并要求作出答复，不要等待被迫考虑这些答案的被动局面。

然而，无意之间，我们都意识到我们在玩游戏，所以我们间接地束缚那些能抚摸我们的双手。我们用常规和行为准则去减轻我们的性担心。我们一般不说为什么。我们直截了当地接受优雅礼仪的抽象规则，彼此告诫，哪些事情是"不能做"的或"不妥当"的。用手指头指人是粗鲁的，用手触摸人就更粗鲁了；显露感情是不礼貌的。

那么，我们转向什么去求解呢？答案既温柔又可爱，就像你膝头的小猫咪。于是，我们就转向其他动物。如果亲近者不能满足我们的需要，如果与陌生者的亲密接触太危险，我们就可以到附近的宠物店，花一小笔钱，买到宠物的亲密接触。宠物纯真，不会带来问题，不会提问题。它们舔我们的手，在我们的腿上摩挲，蜷成一团睡在我们的腿边，它们用鼻子来嗅我们。我们可以摩挲它们，抚摸它们，拍拍它们，像抱婴儿一样抱抱它们，挠挠它们的耳根，甚至亲吻它们。

如果个人与宠物的亲热看起来微不足道，那就请看喂养宠物的规模。在美国，每年花在宠物身上的钱多达 50 亿美元。英国人每年花在宠物身上的钱也多达 1 亿英镑。德国①（联邦德国）人花的钱则多

---

① 作者写此书时为 20 世纪 70 年代，故翻译时保持原貌。——编者

达 6 亿马克。几年前，法国人每年花的钱就多达 1.25 亿新法郎，近年估计的金额已经翻了一番。这样的数字不能用微不足道来形容。

最重要的宠物是猫和狗。美国有 9 000 万只猫和狗，每小时出生的小猫小狗多达 1 万只；法国有 1 600 万只狗；德国（联邦德国）有 800 万只狗；英国有 500 万只狗。猫的准确数字没有统计，但猫的数量肯定和狗一样多，可能还要多一些。

把这些数字加起来，大概可以说，这四个国家里的狗和猫大约有 1.5 亿只。再做一个估计，假定这些宠物的主人平均每天抚摸、拍打或拥抱 3 次，那每年和宠物的亲密动作就是 1 000 次。把这些数字加起来，他们每年和宠物的亲密接触就是 150 亿次。这个数字之所以令人震惊，是因为这个数字代表美国人、法国人、德国人或英国人与宠物的亲密接触，而不是和自己同胞的亲密接触，而这两种宠物却是食肉动物。如此看来，与宠物亲热的现象就不再是鸡毛蒜皮的小事了。

如上所见，我们拥抱时拍拍背，我们抚弄恋人或孩子的头发，抚摸他们的肌肤。但显而易见，我们得到的亲密接触并不够，我们和宠物的亿万次亲密接触就是很好的证据。我们与人的接触因文化局限而受阻，于是，我们就把亲密行为转向逗人喜欢的宠物，它们是我们表示爱的亲密行为的替代品。

这一情况受到有些人的猛烈批判。一位作家称之为"宠物癖"，谴责它反映了现代生活的堕落，认为文明人的亲密交往失败了。批评者尤其强调，用在防止虐待动物身上的钱超过了防止虐待儿童的钱。爱宠物者对批评者的回答被斥为不合逻辑的、虚伪的。有人认为，养宠物有助于我们了解动物的生活方式，但这一观点被认为是荒唐的，因为我们与宠物的关系似乎全都是让动物模拟人的形象。它们被"改良"为人的样子，被当作毛茸茸的人，根本就不被当作真正的动物。有人说，动物纯真而无助，需要我们的帮助。批评者认为，在婴儿受虐待、农夫遭重创的时代，这个观点是非常片面的。我们容忍100万孩子在战争中被屠杀或受伤，同时却为宠物猫和宠物狗提供专业的呵护，一旦需要就立即送宠物医院——在我们这个开明的时代，我们怎么能够容忍这样的事情发生呢？在20世纪，我们特许我们的男人在战争中杀害1亿同类，同时却花掉越来越多的数以亿万计的金钱去塞饱宠物的肚子，让它们过养尊处优的生活——这样的对比作何解释呢？总之，我们更善待其他动物，而不是自己的同类，这究竟是怎么回事呢？

这些诘问很有力，不能轻率地置之不理，但它们有一个重大的瑕疵。简单地说，我们的回答古今如一：不能矫枉过正。毫无疑问，呵护宠物、漠视儿童是可怕的错误，极端情况下，这种令人发指的罪孽确有发生。但把这种错误用作反对抚弄宠物的根据，那就是愚蠢的看法。即使在极端情况下，宠物是否能"偷走"孩子应该得到的宠爱，那也是值得怀疑的。如果由于神经症，孩子没有得到父母的爱，那么，如果不养宠物，这种情况就能得到改善吗？这也是令人生疑的。几乎在一切情况下，宠物都是另一个亲密行为的源头，或者是缺乏亲密行为时的替代物。如果硬说，对动物的呵护比较多必然导致对人的关爱比较少，那是完全站不住脚的。

假定一种怪病明天使一切宠物灭绝，从而有效地清除了它们和主人之间的数以百万计的亲密接触动作，那么，那一切关爱行为向何处去呢？我们是否会重新定向，把那些关爱转向同伴身上呢？遗憾的是，回答是未必。唯一的后果是，千百万孤独的人就会失去一种重要形式的温馨的身体接触；由于各种原因，这些孤独的人得不到真正的亲切关怀。习惯与宠物猫朝夕相处的老太太不会把对猫咪的抚摸转移到邮递员的身上；习惯拍拍宠物狗的男人不太可能把他对狗狗的抚摸转移到十几岁儿子的身上。

诚然，在理想社会里，我们不需要这样的替代物，也不需要为我们的亲密行为增加释放的渠道。但如果因此而建议禁止养宠物，那就是治标不治本。即使在理想的充满爱意、亲密行为不受约束的社会里，我们大概总是能留下很多时间和宠物亲热，那不是因为我们需要这样的亲密接触，而是因为它们能增加我们的生活乐趣，而且，宠物不会与我们争夺亲密的人际关系。

最后，我们为捍卫宠物而再进一言。如果我们能对宠物温情相待，那至少说明，我们能够表达这样的温情。但反驳的人说，即使集中营里的长官也善待他们的狼犬，这又能证明什么呢？简单的回答是，即使最残忍的人也能够表现出某种温情。固然，他们同时又冷酷无情、凶狠残忍，深深伤害我们，其残暴更令人恐怖；但这样的两重性不能使我们对事实视而不见。它使我们经常想起，人这种动物在没有被扭曲的情况下，在没有表现出"文明的野蛮行为"这种矛盾之前，富有天然的温柔和亲密的伟大潜力，这是我们的根本天性。目睹宠物主人和宠物之间温情、友好的触摸，这使我们想起，人本质上是富有爱心和亲情的动物——即使这一点也足以给我们宝贵的教益。这是我们需要学习再学习的教益，在这个日益冷漠无情的世界里，这个教益尤其重要。当人在压力下变得残忍时，我们正需要搜集一切证据证明：这不是必然的结果。换言之，残忍并不是人的自然天性。如果我们爱宠物的能力证明了人爱心的一个方面，那么，善意的批评家对人的残忍发起抨击前，就必须要三思，无论爱宠物的观点从某些角度看是多么没有道理。

那么，人和动物之间的亲密接触本身是什么性质呢？比如，为什么我们拍拍狗、摸摸猫，却很少摸摸狗、拍拍猫？为什么一种动物吸引我们的是一种亲密接触，另一种动物吸引的是另一种亲密接触呢？为了回答这个问题，我们必须要看看这些动物的身体结构特征。当然，它们作为宠物的角色是人的替身，它们的身体就是人体的替身。然而，它们的身体结构特征却大不相同。狗腿僵硬，不可能拥抱我们；而我们不可能张开双臂去拥抱猫。即使最大的猫也不会比婴儿大，其身子柔软，又有弹性，我们可以相应地调整搂抱猫的动作。

先说狗。作为我们可爱的伙伴，我们需要拥抱它，但它僵硬的双腿使我们难以拥抱它，所以我们就从拥抱—拍背的符号动作中抽取出拍打的要素，直接用于对狗的亲密行为。我们伸手去拍它的背、头部或腰腹部。体形硕大的狗背部宽大而结实，是我们拍打人背部的理想替代物。

猫的情况截然不同。它体形较小，身段柔软，不是拍打人背部的理想替代物。其柔软如丝的体毛摸起来就像人的头发。因为我们抚弄心上人的头发，自然我们就倾向于抚摸猫的长毛。正如狗身是人背的理想替身一样，猫身就是人发的理想替身。实际上，我们经常把猫的整个身子当作蓄长发的人头。

把这一观点略作延伸，就可以认为，拍打是我们对一切犬科动物自然而然的亲密动作，而抚摸是我们对一切猫科动物典型的亲密动作；不过情况并非如此简单。我们的动作与狗和猫典型的体形有很大关系。凡是亲密接触过驯化后的猎豹、狮子或老虎，有过奇异体会的人都很清楚，我们与它们亲密接触的动作模式各有不同。虽然它们都是真正的猫科动物，但它们的背部宽大、结实，使我们联想到的是家犬而不是家猫。和典型的家犬一样，这三种"大猫"的毛又粗又硬。结果，我们就拍打它们，而不是抚摸它们。与此相比，小型的长毛狮子狗体毛长，所以我们就像对猫那样抚摸和拥抱它们了。

沿着体型大小的阶梯往上走，我们看到，喜欢马的人也用拍打的亲密动作，但拍打的方式有一点微妙的变化。拍打动作的起源地是人的背部，人背是垂直的，而马的背部是水平的，所以它作为人背的替代物就不太令人满意。但马的脖子就弥补了这一缺憾，其高度合适，而且也是一个理想的垂直平面，人拍马的动作大多数是在这个部位进行的。在这方面，马胜于狗，因为狗的脖子太短，不便于拍打。此外，马的身高使其头部成为亲密动作的理想之地。相反，狗的头部位置低，若要拍打，我们就得降低身体的位置，或把狗抱起来。我们看见，许多爱马人把头贴在马的脖子上或脸上，拥抱或拍打马的脖子或头部。

对许多人来说，宠物不仅是一般同伴的替代物，而且是孩子的替身。在这里，动物的体形大小成为重要问题。家猫没有问题，但典型的家犬太大，所以一些品种的家犬要经过选育来逐渐减小，直到使之和婴儿一样大。这样，小型家犬就和家兔或猴子一样大，我们可以一把揽在怀里，假性的父母抱着宠物时不会太吃力。就宠物而言，这是主人和它们身体接触的最流行的形式。对大量主人抱宠物的照片所作的分析显示，类似抱婴儿的姿势最常见，占50％；拍打动作紧随其后，占11％；再往后是一只手臂的半抱姿势，占7％；紧随其后是面颊贴宠物的身子，一般是贴宠物的颈部；另一个频率相当惊人的亲密动作是嘴对嘴的亲吻，占5％，亲吻的动物从虎皮鹦鹉到鲸鱼，种类不少。你可能认为，鲸鱼或许不太适合与人亲吻。如果亚哈船长①听说一位小姑娘亲吻鲸鱼嘴巴的故事，他肯定会大吃一惊，但近年海洋馆展示的趋势改变了这一观念。驯化的鲸鱼及其体形较小的近亲海豚都是人们最喜欢亲吻的动物；而且，由于它们的吻部圆润、额部隆起，头部就像婴儿头，所以当它们从水池边伸出貌似微笑的脸时，人们就禁不住很想抚摸、挠挠和拥抱它们。

经过人手驯化的鸟类比如普通鹦鹉、虎皮鹦鹉和鸽子，常常被人捧起来在面颊上贴一贴，以接触它们柔软而光滑的羽毛。用嘴对嘴的方式给它们喂食使亲密行为更加亲密。由于这些鸟儿小巧，拥抱和拍打的可能性就不存在，抚摸的亲密动作也仅限于手指头的抚摸和在它们"耳朵背后"的挠挠了。

偏离进化的阶梯考察，我们就可以看到，亲密动作的可能性迅速减少。大多数人觉得，爬行类、两栖动物、鱼类和昆虫是最不值得触摸的。乌龟的龟甲光滑，偶尔拍一拍还可以，但它身披鳞甲的近亲就没有值得我们友好触摸的属性。也许，唯一可说的例外是身子可以收缩的巨蛇。比如，经过驯化的蟒蛇可以给主人提供猫和狗不可能提供的亲密动作，它可以缠在主人的身上。强大的蛇身盘卷在人体上，时收时送，那波动的肋骨，那闪烁的舌头在人身上"亲吻"，给人的感觉妙不可言。但巨蛇的进食习惯使之难以喂养，由于它们曾大闹伊甸园而臭名昭著，所以它们从来就不曾广受欢迎，难以成为我们亲密接触的动物。即使最渴望拥抱的人也不喜欢蛇，比巨蛇体形小的毒蛇就

① 亚哈船长（Captain Ahab），美国小说家赫尔曼·麦尔维尔（Herman Melville，1819—1891）的代表作《白鲸》（*Moby Dick*）里的主要人物。——译者

更不受欢迎了。

如果我们出于谨慎不把人触摸鲑鱼的动作当作亲密接触，那就可以说，人触摸鱼的现象并不存在。也许，唯一的例外是人工饲养的大鲤鱼跃出水面乞食时和我们吻手的情况。它们能在池塘边跃出水面，张大嘴巴觅食；它们甚至可以引诱飞过的小鸟来亲密接触。有一张异乎寻常的照片显示，一只小鸟衔着美味的昆虫准备回巢喂嗷嗷待哺的幼雏，可她竟然禁不住诱惑，停下来看大鲤鱼那张大的嘴巴，而且禁不住把鸟喙里那宝贵的昆虫送进了鲤鱼的嘴巴。如果鸟儿被吸引而且作出了这种完全不自然的身体接触，那么观鱼者禁不住给张嘴的大鲤鱼喂食，摸一摸那张嘴，也就不足为奇了。

至此，我们只考虑了友善的、父母般的亲密行为，然而一些人与动物的接触不止于此，甚至发展到完全的性交。这些案例罕见，但其历史却相当悠久，古代的文学艺术作品里就零星可见这样的现象。人与兽交有两种形式。一种是男人与动物（一般是农场家畜）的兽交；一种是利用在场的动物"手淫"。"手淫"时，比较自然的趋势是让动物舔舐人的阴茎或阴蒂，以达到性高潮。这种变态的亲密接触竟然会发生，说明在人类社会里，异化感和亲密接触挫折感是多么严重。然而，如果我们牢记，在现代文化里，宠物主人和宠物之间拥抱、亲吻和抚摸的亲密行为动辄以亿万计，那么，这种少量的畸形接触偶尔发生，也就不足为奇了。

在介绍人与动物身体接触的过程中，我们迄今只提到宠物和农家动物；除此之外，还有两种人与动物的互动值得一提。受人控制的动物不仅仅见于住宅和农场，还见于动物园和实验室。在这两个地方，人与动物的接触也时常发生，但这样的互动并非总是得到普遍的赞同。

　　动物园的游人不仅想要看看笼中的动物，他们还想摸一摸动物。触摸动物的冲动非常强烈，以至于给动物园的管理人员造成许多隐患。动物园急救站的记录就是证明。扭伤脚踝、割破手指去求医的情况与被动物咬伤手、抓破脸去急救的事故，数量上大致相当。有时，急于抚摸动物的游人受到的伤害很严重，但这些事故很少是管理粗心造成的。两个例子足以说明事故的原因。一位妇女跑到急救站，怀里抱着哭叫的孩子，他的手被咬伤了。经大夫询问，事情是这样的：孩子反复吵闹着要摸那只成年的雄性大猩猩。妈妈答应他，吃力地把他举起来越过防护栏，不顾那块"动物危险，可能伤人"的警示牌；她把孩子往前塞，使他能够把手伸过那块防弹玻璃的屏障，硬是把手伸进了笼子里。大猩猩误解了这友善的举动，立即咬那只伸进来的手。女子不但不悔悟，反而气势汹汹地提出抗议，使负责人哭笑不得。

　　第二个例子是"摸老虎"的闹剧。一位老先生多次翻越铁栏杆，进入动物园的大型猫科动物的笼舍，他要去抚摸一只雌虎。被请出来时，他总要抗议，如此反复多次，直到他拼命跳过栏杆，摔断一条腿，不得不住院躺病床。在他住院期间，那只雌虎被送到另一家动物园去配种繁殖。康复出院后，老先生直奔动物园的虎笼，发现里面是一只陌生的豹子时，他恼羞成怒，气势汹汹地跑到动物园办公室，质问负责人把他的"妻子"藏到哪里去了。起初，对这种离奇的指责，动物园负责人大吃一惊；经过一番询问才知道，这位可怜的老先生最近失去了妻子这个终身伴侣，他把对妻子的感情迁移到雌虎身上了。他觉得，雌虎成了刚去世的爱妻的象征，所以，即使冒生命危险，他也想与新形式的"妻子"继续维持亲密接触，看来，这是他发乎自然的渴望。

这两个例子似乎很离奇，但值得记住的是，它们是极端的行为；在比较适中的层次上，不那么严重的事故大量发生，世界各地，天天如此。无论是由于个人悲剧的原因或文化禁忌，当触摸他人的欲望被堵塞时，无论会产生什么后果，这种欲望几乎总是要顽强地找到表现的出路。在这里，你禁不住会想到那些可怜的所谓儿童骚扰案。嫌疑人不能和成人充分交往，于是就转向儿童，因为儿童浑然不知成人禁忌里的严格规定。他们需要的常常是温情、友好的亲密接触，但严惩他们的呼声很高，他们的行为就必然被解释为有性的动机了。性动机当然是可能的，但绝非必然，许多没有歹意的老人常常受到严惩。毋庸讳言，这些案例里的儿童也成为受害者，但他们不是由于骚扰而吃尽苦头，因为即使真的性骚扰他们也不太懂，而是由于父母的惊恐，由于法庭审理后留下的心理创伤，庭审使他们受到羞辱。

回头再说动物。离开动物园，我们来到人与动物接触的第四种范畴，即科学界存在的人与动物的接触。在医学研究过程中，每年饲养和杀死的动物数以百万计，研究者和实验动物的关系就成了激烈争论的话题。科学家认为，人与动物在这里的互动完全是客观的。他认为，在研究过程中与动物互动时没有情感的纽带，没有积极或消极的态度，也不存在爱或恨的关系。他的决定很简单：如果牺牲实验动物能减少人类的苦难，他就别无选择。他尽力避免，但无法避免；他反对把动物的生命拔高到胜过人的高度。要言之，这就是他陈述的情况，但常常有人予以激烈的反驳。

反对者很多，萧伯纳①的话是一般人反对态度的典型代表："如果你不折磨狗就得不到知识，那么你必须舍弃这样的知识。"另一种比较温和的观点是，许多动物实验无的放矢，从人道主义的观点来看问题，实验结果是不值得的，它们只满足了学术界毫无意义的好奇心。令人吃惊的是，伟大的达尔文②就发表了这样的意见。在致一位动物学家的信中，他说道："如果用动物所做的生理学实验是真正的研究，那是有道理的，但为了纯粹可憎又可恶的好奇心去进行实验，却是毫无道理的。"不久前，一位令人尊敬的实验心理学家指出："过分的行为主义和机械主义的后果之一，就是许多实验里明显的冷漠，许多用低等动物的实验常常无的放矢、没有价值。"

确实，20世纪以来，经特许而进行的动物实验每年都在激增。在英国，1910年的实验是9.5万种；1945年激增到100万种；1969年又跳到550万种，这一年参与实验的机构多达600个。动物实验的庞大规模引起了政界的议论。1971年，一位英国议员抗议道："我知道，动物实验的目的是保护人的生命，但如果在前进的过程中采用如此严重道德堕落的方式去搞实验，我就不得不问，这样的人类是否值得保护。"

对大规模动物实验的诸如此类的批评里，有两个明显不同的成分，区别这两个成分意义重大。首先是极端的人兽同性论，认为动物

---

① 萧伯纳（George Bernard Shaw，1856—1950），爱尔兰人，17世纪以来英国最伟大的剧作家。代表作有《恺撒与克娄巴特拉》《人与超人》《巴巴拉少校》《伤心之家》《圣女贞德》《卖花女》等。发起以渐进方式实现社会主义的费边社，一生比较激进。对同代和后世剧作家产生了深远影响。——译者
② 达尔文（Charles Darwin，1809—1882），英国博物学家，生物进化论奠基人，代表作有《物种起源》《人类的起源及性选择》等。——译者

是象征性的人，无论目的何在，都不应该使动物痛苦。其次是人道主义的成分，认为动物与人类似，有自己的七情六欲，他们不想给动物造成不必要的痛苦。第二种人认为，一定程度的痛苦是必要的，但有一个前提：痛苦要限定在绝对的最低限度，而且研究直接瞄准的目标是减少更大的痛苦。

实验科学家用以下方式回答以上两种批评。对第一种批评，他说："把你的话说给畸形胎儿的母亲听吧。"如果做了更多的动物实验，她本来是可以生正常孩子的。他还可能回答说："把你的话说给孩子死于白喉的母亲听吧。"就在几年前，每年死于白喉的儿童数以千计，而由于活体动物实验，一种疫苗被开发出来，白喉就绝迹了。科学家还可能说："你可以问问小儿麻痹症儿童的妈妈，如果牺牲一只实验动物就能够生产三剂疫苗，并拯救她的孩子，你看看她有何感受。"

换句话说，那些反对动物活体解剖的主张实际上是说，宁要让一个孩子死亡，也不愿意让活体动物受罪。固然，这反映了它们对动物福利的关心，令人钦佩；同时，它又反映了对儿童的冷漠，令人吃惊。这种动物优先、将其置于人之上的态度又使我们想起养宠物的情况，但这里有一个重大的差别。就养宠物而言，你可以对人和动物都友善，对人的友善并不排除对动物的友善，所以，反对宠物的主张是站不住脚的。但动物实验却是另一种情况，为了对儿童仁慈，遗憾的是，你未必能同时对动物仁慈。我们不可能鱼和熊掌兼得。我们被迫作出一个令人不快的决策。

对第二种比较温和的批评者，实验科学家的回答是："我同意你的意见；动物的痛苦必须要减到最低限度，但还有一些问题值得注意。"近年来，科学家们作了大量详细的研究，结果，实验动物的数量大大减少，动物的痛苦也减到最低限度，尽可能用其他方式取代实验动物。以此为基础，我们有望每年稳步减少实验动物死亡的数字。然而，从我刚才引用的数字可见，情况并非如此。实验科学家对此的回答是，实验动物数字未减少并不等于说，他们使用了更浪费动物生命的实验方法，而是因为研究计划日益增加，为减轻人类痛苦的研究方法也越来越多。科学家还指出，值得注意的重大问题之一是，我们不可能把动物实验局限在某些直接而明显的痛苦问题上。许多最重大、终极效果最有利的发现是"纯"动物实验的结果，而不是"应用性"动物实验的结果。如果某一动物实验在医学和心理治疗等领域没有明显的应用价值，就说它不能做，那就只会窒息科学认识的整个进程。

在这一点上，一些最不情绪化、最有才学的批评家也感到担忧。用达尔文的话说，"真正的研究"要走多远才会成为"纯粹可憎又可恶的好奇心"呢？这就会产生一个更加困难和微妙的争论。阅读一些科学期刊尤其是实验心理学的期刊时，难免会断定，无论用什么合理的标准来衡量，人类近代的许多研究也走得太远了。他们的做法正在危及公众对整个科学界的接受，许多权威人士相信，必须对许多研究计划的方向进行重大的矫正。如果不采取断然措施，可能会引起公众强烈的反感，从长远看，就会给科学进步造成无穷的损害。

讲过这些普遍性问题之后，还剩下一个问题：为什么人与动物在实验室里的接触会引起如此激烈的争论与严重的关切？答案是显而易见的，而且也许是太明显了：即使我们同意，动物实验有道理、有必要，但我们并不喜欢使它们痛苦的做法。然而，在厨房里发现老鼠的人和在贫民窟的卧室里发现老鼠的人用棍子打死老鼠，放毒鼠药使老鼠缓慢而痛苦地死去，那又该怎么看呢？他非但不会受到非难，而且会得到同情。没有什么协会要保护危害住宅区的老鼠；既然实验用的老鼠和住宅区里的老鼠是同类，为什么用老鼠做实验竟然引起如此激烈的争论呢？人们赞同杀死野鼠，因为它传播疾病；那么，既然通过科学发现，实验中老鼠的死亡能防止疾病的传播，为什么这样的动物实验还遭到如此多的非难呢？

如何解释这种态度不一致的现象呢？显然，无论我们说什么，这一矛盾态度和我们客观上对老鼠安危的关心是没有关系的，无论我们说的是家鼠还是野鼠。如果我们真的关心动物实验里的老鼠，将其看作一种生机勃勃的生命形式，我们就不会如此残忍地杀死其野生同类。对，我们的态度和老鼠的安危没有关系，实际情况是，我们在这个问题上的做主的反应远比我们的想象复杂微妙得多。我们对野鼠的态度是把它当作我们隐私领地的侵犯者，我们觉得用一切手段捍卫领地都是合法的。对危险的入侵者，没有什么手段是太严厉的。但实验室里温顺的小白鼠呢？难道它的祖先没有把瘟疫传给我们吗？那肯定是事实，但如今的小白鼠以新的角色出现。如果我们想要了解，为何它在实验室里的死亡会引起我们强烈的反感，我们就必须要了解它担任的新角色是什么。

首先，小白鼠不再是害鼠，而是人类的仆役。我们千方百计温和地对待它，它吃得好，住得舒服，受到悉心照料。人对它的态度好比是医生手术前对病人的态度。后来，我们通过实验手段让它患上癌症。再后来，它死在悉心照料者的手里。除了癌症那个成分之外，实验动物和科学家的关系和家畜与农夫的关系是吻合的。农夫照料家畜，杀死家畜；但我们不抱怨农夫对家畜的残忍，也不抱怨在厨房里投毒杀死老鼠的人。这给我们什么启示呢？实验室的工作程序是悉心照料—使其痛苦—致其死亡。农夫的工作程序是悉心照料—进行屠宰。灭害鼠的过程是使其痛苦—致其死亡。换句话说，我们不反对先饲养后屠宰，也不反对灭鼠前使之痛苦，而是反对先照顾后使其痛苦。在实验室里，小白鼠的角色类似谦卑忠实的仆人的角色，主人爱护它，可是突然在没有预警也没有刺激主人的情况下，那有爱心的主人却突然翻脸，不顾它忠心耿耿的伺候，竟然为了自己的私利而杀死它。这就是引起了那么多麻烦和争论的背信弃义的富有寓意的故事。

批评动物实验的人可能会竭力否认这种背信弃义，宣告他们心中想到的是小白鼠，而不是人与动物这种象征性的关系。然而，除非他们是完完全全的素食主义者，也绝不会拍死一只苍蝇，他们就是在欺骗自己。如果他们接受过医疗，那么他们就是伪君子。倘若他们诚实，他们就会承认，在人与小白鼠的象征性关系里，他们真正关心的是其中存在的对亲密关系的背叛。

至此，我为何不厌其烦详细论述人类行为模式，应该是清清楚楚的了。表面上看，人类行为模式和本书的主题没有密切关系。就其实质而言，动物实验的科学家陷入了两难困境，为了消减人们的恐惧，他不得不反复强调，他精心呵护实验动物：操作过程充满温情，笼子清洁卫生，动物的生活轻松惬意，等待着在实验中发挥重要作用。批评者之所以激愤和对抗，其关键原因正是科学家对动物态度的强烈反差：起初是亲切地呵护，后来是残忍地伤害。我们在本书自始至终看到，亲密关系意味着信赖，象征性的小白鼠"仆人"完全信赖其主人，主人温情和关爱的双手却要它受苦和患病。倘若对亲密关系的背叛偶尔发生，只有在非常特殊原因的情况下才出现，大多数的批评者大概会勉强接受，但如果这样的事情每年数以百万计，他们就会感到毛骨悚然，觉得自己和那群亲密关系的叛徒同属一伙了。倘若一个人能故意伤害信赖他的试验动物，倘若他善待它、温情而精心地呵护它，却突然伤害它，那么，我们怎么能够信赖这个人与他人的关系呢？虽然在社会生活的其他一切方面，他的行为都是完全合理的、友善的，但我们怎么敢肯定，他理性的友善是真实的呢？我们怎么能够确信，理性的友善还是可靠的指针，能说明我们社会成员的本质呢？这个动物实验科学家对自己的孩子非常关爱，但他却经常背弃他实验室里象征性的"孩子"，他怎么能这样行事呢？这些问题是萦绕在批评者脑子里的恐惧，只是没有说出口罢了。

　　这个例子和上文提到的集中营司令官的例子有类似之处。这位长官对自己的宠物狗仁慈而温柔，对囚徒却残忍折磨。在那里，他善待宠物的行为提醒我们，即使这种混世魔王也没有完全泯灭柔情。在实验室里，情况刚好颠倒过来。对人和蔼的科学家工作时却虐待他的实验动物，使之痛苦，其中的反差使我们不寒而栗。看见一位表面友善的士兵拍拍宠物狗的头部时，我们不禁要问，他是否也会把不幸的囚徒送进毒气室？看见一位友善的父亲和他爱的孩子一道游戏时，我们不禁要问，在表面的善良之下，他是否在虐待实验动物？我们开始失去价值判断。我们对亲密行为强化情感纽带的信仰开始动摇，我们对科学的冷漠规定表示反感。

　　其实，我们都很清楚，这样的反感是没有道理的，因为科学研究给我们带来了极大的好处，但科学研究沉重打击了我们何谓温馨关爱的亲密行为的观念，所以我们禁不住觉得反感。我们生病时急忙到药房去买药，并急忙吞药丸和片剂，但我们尽量不去想那些信赖我们却被我们背叛的动物；它们遭受痛苦，却给我们带来防病治病的抗生素。

如果这样的情景使普通公众难受，那么，在动物实验科学家眼里，这是什么样的情景呢？答案是，一点也不可怕。原因很简单，他训练有素，不会把他与动物的关系看成是象征性的关系。他对实验对象的态度是冷静客观的，能驾驭情感上遭遇的困难。他精心照料实验动物，目的是使之成为更好的实验对象，而不是为了满足自己的情感需要，不像宠物爱好者把动物当作亲密关系的替代物。他的工作常常要求他自制、自律，这是因为即使他能最理性地控制感情，长期的身体接触也会产生魔力，使他和动物结成依恋关系。在一所大型的实验室里，搁着一只笼子，里面养着一只胖嘟嘟、大耳朵的大白兔，它成了研究所的吉祥物，这种情况并不罕见；它成了人见人爱的宠物，人们做梦也不会想要把它用作实验动物，因为不知不觉间，它担当了截然不同的角色。

对不从事科学实验的人，这样的严格区分是难以做到的。对他而言，一切动物合适的生活场所都是迪士尼乐园。由于现代影视媒介的教育，他可能开阔了眼界，忘记了他童年时代玩具动物的形象。如果真是这样，那不是动物实验科学家一手造成的，而是他接触博物学家受到影响的结果。博物学家的基本态度是观察者的态度，而不是动物实验科学家操纵动物的态度。

可见，严肃的实验科学家的困境并没有解决。和开刀拯救我们生命的外科大夫一样，他改善人的命运；但和外科大夫不同的是，他得不到什么感谢。和外科大夫一样，他在操作过程中严格保持着客观而冷静的态度。对实验科学家和外科大夫而言，情感的卷入都可能产生灾难性后果。至于外科大夫，他在手术室外还得注意临床医生和善的仪态；然而，一旦进入手术室，他就必须要冷静而客观地对待病人的身体，就像大厨切肉一样超脱。如果他不这样做，从长远来看，我们大家都会吃尽苦头。如果搞动物实验的科学家感情太深，将其当作宠物，他就不可能继续进行艰巨的研究工作。于是，使我们从病痛中解脱的大量成果就不可能产生了，他会泥足深陷在大量研究工作中。同理，如果外科大夫看见病人的痛苦而情绪波动，他的手术刀就会颤抖，那就会给病人造成致命的伤害。倘若住院病人真能听见大夫在手术室里的谈话，听见那种时而诙谐、时而平淡的话，他们难免会感到吃惊，但他们这样的感觉显然是受了误导。锋利的手术刀以可怕的"亲密"划开病人的皮肉时，大夫的情感反应显然必须戏剧性地关闭。如果他动刀时既绝望又爱怜，那么病人接下来接受的"亲密接触"恐怕就是殡葬人冷冰冰的双手了。

在这一章里，我们考察了在这个渴望亲密接触的世界里人们用动物活体替代人体达成亲密接触的情况。身体接触比如拥抱宠物充满爱意时，亲密行为能够带来很大的乐趣；但在没有爱意比如接触实验动物的情况下，身体接触就使人不快。总体上看，与动物的接触多半会带来很大的乐趣，显然，动物在这方面对我们至关重要。我们考察的多半是成人的活动，但养宠物也是较大儿童相当重要的行为模式；他们模仿父母，对小宠物表现出假性父母的关爱，拥抱、怀抱、护理、照顾，仿佛他们的小宠物就是完全要依靠他们的婴儿。既然猫和狗常常被成人打上假性婴儿的印记，儿童常常不得不养其他的宠物，比如成人一般瞧不起的兔子、豚鼠和乌龟。父母没有染指这些小动物，所以它们常常组成儿童专有的、更加亲密的世界，成了这些儿童假性父母寻求亲密行为的替代物。

至于较小的儿童，享受亲密接触的问题由玩具动物来解决，于是，玩具就成了他们亲密接触替代物的替代物。他们照料、爱护玩具，仿佛玩具是真有生命的宠物，他们对米老鼠和泰迪熊的依恋很强烈，和较大儿童对兔子、马驹的喜爱无异。一些小女孩对玩具动物的依恋一直维持到成年；最近一张劫持人质的新闻图片显示，被劫持的一位大姑娘获救后紧紧抱着泰迪熊，这是她度过那场劫难的安慰。当我们亟需能给我们安抚作用的身体接触时，即使无生命的物体也能够给人安慰——这是下一章研究的课题。

第七章

恋物性亲密行为

瑞士苏黎世的一块公告牌上，一幅巨大的海报上一个男人的头被复制了一遍，一个头在另一个头旁边。除了一个细部差异，两颗头完全相同：一张嘴里叼着香烟，另一张嘴里衔着一个婴儿用的安抚奶嘴。据说，海报传达的讯息一目了然，所以只有头像，没有广告词。无意之间，设计者传达的有关吸烟的意思远远超过了他想说的意思。用一种简单的视觉语言，他们解释了这样一种意思：为何这么多人甘愿冒痛苦的死亡危险，为何他们不惜咳嗽、吐痰，也要让癌细胞堵塞肺部。

　　当然，海报设计者的意图是羞辱吸烟的人，使他们觉得自己不成熟，幼稚，但它可以反过来解读。如果说口衔安抚奶嘴的男人像婴儿一样得到了一丝安慰，那么这张海报唯一的错误就是看上去太幼稚。让我们转向另一端——在这里，幼稚的问题解决了。和安抚奶嘴给婴儿安慰一样，香烟给成人安慰，一下子幼稚的因素被涤荡得一干二净。如此观之，对那些尚未发现其安慰性的人，它几乎成了鼓励吸烟的广告：吸支烟吧，你可以得到慰藉，不必觉得幼稚！

　　即使不扭曲善意的讯息，这幅海报也为我们提供了有价值的线索，我们可以找到症结，解决世人面对的全球性吸烟问题。这是近年来开始认真对待的问题。许多国家开展了声势浩大的运动警醒世人：吸烟可能引发肺癌。一些地区已经禁止在电视上播放香烟广告；如何防止儿童吸烟的讨论会接连不断；反映住院病人肺癌晚期惨状的电影纷纷上映，令人触目惊心。有些吸烟者作出理性的回应，成功戒烟；

但许多人震惊以后却点燃一支烟去安抚他们震撼的神经。换言之，吸烟问题终于被认真对待了，但问题远没有解决。直截了当地告诉人，不应该吸烟，因为吸烟有害健康，这固然是明智之举，但只有短期效应。这就像是用战争来解决人口问题一样，战争杀死千百万人，但战争一结束，出生率就暴涨，人口增长扶摇直上。与此相似，每一次发起反吸烟运动引起惊恐之后，数以千计的人戒烟，但惊恐一结束，烟草公司的股票又开始飙升了。

反吸烟运动的人犯了一个大错误，他们很少停下来问一个基本的问题：人们究竟为什么想吸烟？反对者似乎认为，吸烟和上瘾有关——与尼古丁的成瘾作用有关。当然有这个因素，但这绝不是最重要的原因。许多人甚至不把烟吸进肺里，他们吸入的尼古丁是微乎其微的，所以上瘾的原因要到其他地方去寻找。显然，答案在于烟卷叼在嘴里时口唇得到的亲密接触，苏黎世的那幅海报就做了美妙的诠释；这个答案肯定也能够解释把烟吸进肺里的吸烟者。除非我们对这种亲密接触的感觉做恰当的研究，否则，在我们感到压抑、寻求安抚的文化里，长期根除吸烟几乎就没有希望。

我们在这里面对的，显然是用无生命的物体替代与真人亲密接触的案例。考察这一现象时，我们离开亲密接触最初的源头——即我们与亲密者的亲密关系——更远了一步。离开这个源头的第一步是我们与半陌生人（专业的触摸人）的亲密接触，第二步是与替代物（宠物）的亲密接触。我们在这里迈出了第三步，进入人造替代品的领域，这些替代品有一个隐蔽的亲密因素。除了烟卷之外，人造替代品不胜枚举；但从香烟和安抚奶嘴谈起不无好处，因为这使我们自然回到故事的源头，焦躁不安的妈妈让婴儿口衔安抚奶嘴，可以使它不再哭闹。

婴儿用的安抚奶嘴有时又叫"镇静品"或"安抚品"，通常被描述为"不开孔的"乳头，因为和奶瓶上的真奶嘴不一样，安抚奶嘴一般是无孔的。这个描述容易使人误解，因为没有一个母亲能夸耀自己拥有一个像安抚奶嘴那么巨大的球状乳头。安抚奶嘴是超级乳头，无孔，不出奶，供婴儿触摸的属性被放大。奶嘴之外有一个平坦的圆盘，模拟妈妈的乳房。圆盘的作用是防止婴儿把安抚奶嘴吸进嘴里。

这种安抚奶嘴有数百年的历史，但不久前曾引起争论，因为它们被认为是危险的感染源。近来，它们又东山再起；如今，许多医学权威则予以推荐。嘴衔安抚奶嘴的婴儿不太容易养成吮吸手指头的习惯（需要安抚却不能衔妈妈的乳头时，安抚奶嘴显然是很好的选择）。再者，人们不再相信，安抚奶嘴会使口腔畸形或影响牙齿的生长。近年来的研究使专家们看到，安抚奶嘴的确有奇效，能够使哭闹的婴儿平静下来，其实，妈妈们早就知道这个事实。专家的术语是"非营养性的吮吸"，他们对许多婴儿进行研究，记录了婴儿吸安抚奶嘴的反应。结果发现，嘴衔安抚奶嘴之后，不到 30 秒钟，哭闹就减少到 1/5，手脚的蹬打就减少一半。报告又指出，即使没有主动吮吸，婴儿嘴唇之间安抚奶嘴的存在也会起到镇静作用。即使婴儿睡着以后停止吮吸，如果拿走安抚奶嘴，婴儿也容易再次开始哭叫。

这一切都证明了一个事实，嘴唇衔东西对人有安抚作用，因为它意味着和妈妈这位首要保护者令人安心的接触有了保障。这是一种强有力的象征性亲密关系，当我们看到一位老人满意地吸着烟斗尾部时，我们就会清楚地发现，这是与我们相伴一生的亲密关系。

对于成年"吮吸者"来说，最重要的一点是，他不应该表现出他在做什么；苏黎世那幅海报的讯息就是如此。压力大的成年人使用安抚奶嘴可能会像使用其他东西一样使人平静，只要它不带着"幼稚"的烙印。然而，既然安抚奶嘴有"幼稚"的烙印，他就不得不做各种伪装。香烟，至少在这个方面，是理想的，因为它完全是成人用品，毫不幼稚。因为禁止儿童吸烟，所以香烟不仅是非婴儿的，而且是非儿童的，它完全摆脱了婴儿吮吸的语境。唇间的香烟比安抚奶嘴柔软，烟雾使它温暖起来，这使它更像妈妈的乳头而不是一个安抚奶嘴。而且，有什么东西从末端被吸出来并沿着喉腔往下的感觉增强了这种感觉。一个新的象征性等式得以确立：香烟温暖的烟雾＝妈妈温暖的乳汁。

许多吸烟者把香烟送到嘴边或从嘴边取走香烟时，总是习惯性地把手指放在嘴唇上，模拟触摸母亲乳房的感觉。有人长时间叼着香烟，偶尔才吸一口。不吸的时候就类似婴儿衔安抚奶嘴的样子：半醒半睡的婴儿也衔着安抚奶嘴。有些吸烟者取下香烟以后，虽然把香烟放进烟灰缸或类似烟灰缸的物体很容易，但他们继续用手指抚弄烟屁股。他们那"被尼古丁熏黑的手指"是无声的证词，说明即使不再叼在嘴里，他们还是有一种欲望：抓着"香烟乳头"不放手。

"香烟乳头"的变异体包括商界人士喜欢的超级乳头即雪茄，雪茄衔在嘴里圆且平滑。吸烟者静悄悄地遵循一套仪式，用一套特别的小玩意儿，剥开这只光滑的"无孔乳头"，使温暖的"香烟乳汁"畅通无阻，给他安抚。一些人用烟斗，以增加烟嘴的光滑度，但这牺牲了雪茄柔软的感觉。用烟斗时，舌头可以和光滑的烟嘴"戏耍"，就像在玩一个肉的乳头或一个橡胶的乳头。奇怪的是，没有人用既柔软又光滑的烟嘴比如橡胶烟嘴，原因大概是那样的伪装太容易被看穿吧，那太像真的，成人的尊严就难以维护了。用烟斗的人喜欢的办法之一是用空烟斗，如果空烟斗的烟嘴再换成橡胶，要伪装就更难了。空烟斗已经很危险，容易露马脚，如果烟嘴再换成橡胶，那就彻底露馅了。

今天，世界各地吸烟的人数量之多，说明具有安抚作用的象征性亲密接触的确非常需要。如果要根除吸烟的副作用，势在必行的出路只有两条：或者是把人口降低到适当的规模，或者是提供其他的选择。由于没有迹象表明前者有任何重大或直接的希望，解决办法只能是后者。有人建议用塑料香烟，而且有人尝试过，但这一选择似乎没有任何希望。建议本身似乎有道理，但它忽略了一些重要的因素，比如真香烟的温暖烟雾和真正的"可以吮吸的特点"。而且，塑料香烟缺少冠冕堂皇的借口。"吸烟"的动作必须要有一个容易接受的伪装。诚然，许多人吮吸铅笔、钢笔、火柴、眼镜腿，但这些东西都有其他"正式"的功能。然而，塑料香烟就没有任何"正式"的功能，而且太像苏黎世海报里那婴儿的安抚奶嘴。必须找到另外的替代办法；很可能，出路要靠香烟制造商自己了，他们要研制不损害肺脏的合成"烟草"或草药"烟草"。这个方向的研究业已展开，也许，近年的肺癌恐惧症反吸烟运动能做出的最有价值的贡献，就是迫使烟草商加速研制无害的产品。想到这里描绘的吸烟那种亲密接触的重要意义，研制无害的产品恐怕是唯一长期起作用的出路；在这个方面，反吸烟运动能够助其一臂之力。

成功戒烟或尝试过戒烟的人抱怨，扔掉无营养的烟草"乳头"不久，他们就开始发胖。这就给我们提供了了解某些饮食习惯的线索。我们大量啃食和吮吸的动作首先和象征性的口唇亲密感有关，而不是真正的进食。渴望香烟的戒烟者突然需要追加安抚的因素，他们会急忙抓住一点甜食往嘴里塞，因为他们失去了宛若乳头的香烟。吃糖果是另一种替代吸奶的伪装。对许多人而言，这一行为模式是填补婴儿期吸安抚奶嘴和成年后吸香烟这段空白期的行为模式。糖果店是儿童的世界。儿童不能再用婴儿的安抚奶嘴，那太"奶气"了，于是他们转向硬糖、球形薄荷糖、棒棒糖等糖果。糖果可能伤牙齿，但它们能替代婴儿期乳头的安抚。成年以后，我们多半会放弃这样的习惯，但许多年轻的恋人还是给"甜心"送什锦巧克力，巧克力就成了具有安抚作用的"乳头"。许多烦闷的家庭主妇不时把手伸进糖果盒，糖果可以给她解闷。于是，为了给成人以尊严，糖果商就玩了一个小小的花招，在巧克力里塞进抗衡幼稚的酒精，这就是我们塞进嘴里的"酒心巧克力"。

虽然这些糖果在嘴里的时间不如吮吸乳头的时间长，但它们的确具有柔软和甜美的特征，这有助于它们承担的象征性角色。一种特别的糖果克服了上述糖果短命的弱点，这就是口香糖。口香糖是一种富有弹性的胶姆糖，加糖和香料制成。（比例是一份胶姆糖对三份食糖，加热揉捏而成，再加上丁香、肉桂、冬青或薄荷。）口香糖可以嚼几个小时，广告词说，它可以"镇静你的神经，使你集中精力"。其象征意义是可以从嘴里取出来的地地道道的安抚奶嘴。由于其特别的属性，口香糖本来应该一路走红，但它的一个严重弊端阻碍了它的成功：颚骨咀嚼的动作引人注目。嚼口香糖对自己不是问题，但对身边人的印象是他在不断地吃东西。由于他不吞嘴里的"食物"，别人的感觉是，他嚼的东西不舒服，像嚼不烂的鸡骨头。他当然舒服了，但身边的人却觉得讨厌，结果，在有些社会环境中，嚼口香糖被认为是"坏习惯"，所以，嚼口香糖至今受到限制。

母亲的乳汁温暖、甘甜，所以成人在紧张或烦闷时喝甜饮料以寻求安慰，就不足为奇了。每年茶水、咖啡、巧克力和可可的消费量数以百万加仑计，其实这和解渴的需要关系不大，在这里，口渴又成为重要的借口。茶水和饮料杯成为我们渴望的乳汁的替代品，杯子光滑的边缘压在嘴唇上也成了令人愉快的安慰。现代不光滑的"一次性"纸杯之所以引起反对，就容易理解了。

　　我们再次看到有趣的现象。我们避免一望而知的孩子气动作：我们趁热喝茶，却喝冷牛奶，因为喝热牛奶显得非常孩子气。病人喝热牛奶，那是许可的，因为我们看到，病人放弃了成人的生存斗争，在其他方面也成了"速成婴儿"，多一个婴儿气的行为模式也无所谓了。

　　耐人寻味的是，冷牛奶或牛奶冰激凌是用吸管喝的；除了这两种冷饮料外，还有许多其他冷的甜饮料起安抚作用。广告无一例外地宣传这些饮品的解渴功能，但在解渴方面，它们总是比普通水略逊一筹，但它们的确提供了重要的东西——甜味，而且直接喝瓶装甜饮料的习惯越来越普遍，这样的包装有助于增强其象征乳汁的价值。因此，包装瓶从传统的大瓶相应地缩小到接近奶瓶的尺寸。实际上，如果有人模仿苏黎世那幅海报，画蛇添足，给可乐瓶或柠檬汽水瓶加上安抚奶嘴，那就完全穿帮、露出马脚了。

　　实际上，在寻求自我安慰的瞬间，许多其他的物体比如植物的茎秆或项链的珠子常常被捧到唇边亲吻。不过，毋庸赘述，上文业已阐明，婴儿期的口唇亲密动作仍然是成人生活的重要成分，即使在友情或爱情之外的领域也可以看到这样的亲吻动作。接下来，我们可以考察成人身体部位的替代动作。

　　婴儿期另一种基本的身体接触形式是面颊紧贴妈妈的身子。成年男性用面颊紧贴柔软替代物的现象相当罕见，但这一现象在女性中却非常普遍。许多推销床单、毯子和餐巾等柔软布料的广告都有这样的镜头，笑容可掬的女模特手捧柔软的产品贴着面颊，神态安详，爱意绵绵。宣传毯子的广告尤其喜欢用这一招，几乎成了唯一的肢体动作。然而在实际生活中，为了防皱，毯子铺在床上时上面要盖床单，身体是不会直接紧贴毯子的。

皮衣广告走的是类似的路线，衣领翻起来，用手托着，把那超软的皮毛紧贴在面颊上。毛毯的广告接触面更大，展开平铺在床上或地板上，就像母亲那平躺的肢体。

也许，最普遍、最常见的面颊紧贴的替代物是晚间安眠的枕头，这是男女两性都用的亲密替代品。柔软的枕头宛若母亲柔软的乳房，拥抱我们的头部，是晚间安眠的重要因素，使我们平静，沉入梦乡，忘掉白天的生存斗争。制造商精心设计，求得弹性和柔软的最佳平衡。大型床上用品商店总是备有各种款式、触感不同的枕头，供顾客挑选。对许多成人而言，特定款式、特定"力度"的枕头具有的催眠作用极其重要；在友人家或旅馆遇到不适合的枕头、不熟悉的卧床时，他们总是难以入睡。在那些很少出门的"恋家人"身上，这一现象更加突出，他们固恋某一种枕头，枕头的弹性、厚薄或柔软性都已成习惯，难以改变了。

床的其他部位的类似变化也反映了这一现象。除了枕头的特性外，成人喜欢的床垫也各有不同，软硬、轻重、床单裹在床垫上的松紧、"拥抱"身体的感觉都很重要，因为床垫、床单拥抱人的时间占了人生的1/3。

1970年，美国市场上出现了一种新型的"水床"。基本上，这是充水的聚乙烯床垫。躺着睡觉时，人缓缓陷进去，仿佛回到母亲子宫的半拥抱状态。恒温和加温的水温度舒适。仅 1970 年下半年就售出了 15 000 张水床，产品脱销，供不应求。广告商怂恿潜在顾客的广告词意味深长："在水床的拥抱中去享受生活，享受爱"，"水床在水波荡漾中把你送入梦乡"。如果用妇产科的行话，唯一的风险就是"胎膜破裂，羊水泄漏"。意外刺破水床时，它就像羊水早泄一样一团糟，很不舒服。也许正是因为这种小小的担心挥之不去，所以我们大多数人最终还是宁可包裹在旧式的被单里。

客观地看，我们的睡眠习惯以及我们对柔软枕头、床单和床垫的偏好都开始带上了特别的意义。它们不只是催梦的设施，为了让电脑似的大脑分类和储藏白天接收的轰炸似的新讯息，而不仅仅是为了迎接即将到来的新一天而进行的体力休息。此外，它们还体现了大规模的、全世界范围的放纵，我们把自己抛到一个无生命的半是布料的"子宫"、半是布料的"母亲拥抱"组成的亲密关系中。

即使在不睡觉的时候，我们也不完全排斥这些基本的愉悦，现代家具产业就是其明证。安乐椅和沙发前所未有的舒适堪比卧床，它们几乎成了客厅、起居室和休息室必备的主打家具。一天工作辛苦之后，我们沉入我们喜爱的家具中，以愉快的心情享受柔和的亲密接触。安乐椅的"扶手"未必在拥抱我们，但其柔软的座位却使身体很舒服。我们偎依在安乐椅"母亲"象征性的膝头上，就像孩子一样安全地安顿下来，以安全的距离观察外部世界——那严酷的成人世界，就像我们的电视屏幕和小说象征性地描绘的那样。

我们坐在舒服的安乐椅上看电视，这有点像坐在妈妈的膝头上看窗外的世界，很安稳。如果这样的描绘有非难电视的嫌疑，请容我加一句话：这不是我的意图。相反，这可以给遍及全球的行为模式补充一个优点。如上所述，看电视有娱乐和教育的双重功能；除此之外，它还给这个压力巨大的成人世界以安抚，这个安抚因素是非常重要的。玻璃电视屏幕把图像紧锁在电视机中，很安全，它不会伤害我们。看电视给我们提供了额外的补偿，多了一层优势。母亲只能够给我们提供两种重要的安全因素：身体接触的亲密舒适，不受外部世界的伤害。安乐椅"母亲"能给我们柔软的亲密接触，但不能保护我们。看电视时，深不可测的电视屏幕给我们帮助，弥补了安全缺失的不足，把我们和电视里的成人世界隔离开来。由此可见，一个象征性的等式是一目了然的：母亲的保护和安抚＝电视屏幕的保护＋安乐椅的舒适。

　　如果这样看我们的家庭生活，当我们旅行度假时，大多数人喜欢住旅馆就不奇怪了，因为旅馆在各方面模仿我们熟悉的育儿室。我们仿佛回到了婴儿时代，一切都有人照顾，无须我们动一根手指头。吃的由主厨"母亲"烹饪，再由服务员送到手；床有人整理，房间的打扫由服务员"母亲"完成。在高星级的旅馆里，食物送到房间，我们简直就像回到了摇篮，墙上的电钮和床边的电话可用来召唤服务，替代了要妈妈喂奶的吵闹。一旦致富，许多人常做的事情之一就是雇人担任"母亲"的角色，恢复婴儿时期的生活状态。而且，正如我在前一章所言，病床和医院为病人提供了类似于育儿室的环境，让他们暂时完全放弃了生存斗争。

　　有时，我们用热水沐浴，短暂享受那很像回归子宫的环境。同样不足为奇的是，几乎每个人都喜欢类似子宫的温度，漂浮在类似羊水的浴水里，感觉到浴缸"子宫"的曲线。浴室把成人世界锁在外面，让我们享受那美好而安稳的环境。然而或早或晚，我们都不得不离开子宫般的浴缸，不太情愿地去面对"新生"的创伤。浴巾制造商仿佛知道我们害怕"新生"的创伤，它们互相竞争，担保为我们生产最能给我们温柔拥抱的浴巾。一则广告称："我们的浴巾拥抱你，擦干你的身子!"女模特紧紧裹着浴巾，脸贴着浴巾，无比幸福，仿佛那就是生命之所系。

拥抱浴巾的姑娘穿上衣服后，她不必担心这些温柔的亲密接触就此终止。其他衣服广告商推销内衣、汗衫、裙子等产品，允诺给予她类似的报偿。那些短裤看来不仅仅是用来遮蔽身体，使人端庄，因为广告词还告诉我们，它们还给你"贴身的拥抱"，"柔情，爱抚……随着你的曲线伸缩"。那些紧身衣"丝绸般柔软而性感"，"从头到脚拥抱你，使你舒服"。长裤就更不用说了，它们"拥抱你的腿，像温柔的手指一样"。于是，这位幸运的姑娘就可以穿得漂漂亮亮，看起来像是一个独立个体，象征意义上却有许多人在爱抚她、拥抱她，给她恋人般的亲热。倘若那些服装广告有累积效应的话，她如果能在不经历多次性高潮的情况下完成穿越房间的简单动作，那就令人惊讶了。所幸的是，对她生活里的恋人而言，那些衣服"情人"的冲击比较温和，大多数情况下都比不上广告商想让我们相信的那样。然而，虽然它可能是温和的，但它仍然是今天穿着这些温柔舒适的衣物所带来的身体回报的一个真正和需要的部分。

衣物与人之间的亲密接触不是单向的关系。不仅衣服拥抱人，而且人也在拥抱衣服。毕竟，这是对衣服舒适拥抱和温柔抚弄的回报。受欢迎的回报方式之一就是把手插进衣服。拿破仑一只手插进夹克衫的典型姿势立即浮现在我们眼前，但今天最流行的姿势是双手插裤兜。衣袋的正式功能是揣东西，手揣进衣袋照例应该是取东西，但大多数手插衣袋的姿势和掏东西都没有关系。相反，手插在衣袋里迟迟不取出来，仿佛是要和衣袋握手。学童和士兵时常听到的命令是："把手拿出来！"一般的解释是，那种姿势显得懒懒散散，衣冠不整。当然事实是，这个姿势表明，他们精神不振，表现出象征性的亲密行为，这和认真听讲、服从命令的男子气的正式角色是冲突的。不受约束的男性有几种选择，这些选择服从一条十分有趣的规律：手与衣服接触的部位越高，表现出来的个性就越强。最表现个性的动作是手抓衣领；接下来的部位是大拇指插入马甲；再往下是拿破仑的手插进夹克衫的姿势；接下来是常见的双手插裤兜的姿势；再往下，双手抓裤管的姿势，在表现个性方面就比较差了。

这条规律背后的原因是：手的位置越高，其出手打斗的意向动作就越明显。每当真正出手时，总是先抬起胳膊，然后打击对手。在手和衣服的接触中，手抓衣领的姿势向举手的动作前进了一大步，自然这一动作就是各种选择里最好斗的姿势。和大拇指插马甲的姿势一起，这一动作成了表现个性的最漫画式的方式。今天，在公开场合，严肃、强势的男子更可能采用手插上衣口袋的姿势。这是大亨、将军、海军司令和政界领袖的姿势；在20世纪20年代，这也是著名帮派人物常用的姿势。这类人很不愿意用手插裤兜的姿势，至少在伸张自己霸主权利的时候，他们一定要用手插上衣口袋的姿势。

上述规则有一个有趣的例外，那就是大拇指紧扣皮带的姿势。虽然这一姿势的位置比较低，但它无疑带有好斗的味道。这是硬汉、牛仔、假性牛仔和豪爽女性常用的姿势。其阳刚性不仅来自刹那间拔枪的意向动作，而且成了大拇指插马甲姿势的现代翻版。如果手全部插进皮带或裤腰，那就立即失去了咄咄逼人的攻击性，这就比较符合攻击性随身体部位下降的规律了。

除上述动作外，手还有一些和衣服不同部位接触的细小的亲密动作。所有这些动作都是在紧张时的动作，其中许多似乎都是象征性的修饰行为，体现了我们想要他人用这些动作来安抚我们。经常能看到男人整一整衬衫袖的链扣，抚弄一下领带。肯尼迪总统在公共场合紧张时用手指头去抹一抹夹克衫正中的那颗纽扣。丘吉尔首相紧张时的照片显示，他用一只手去压夹克衫的下摆，仿佛是在做一个拥抱自己的动作的片断。

至于女性，紧张时常见的动作是摆弄手镯和项链，就像修女从数念珠来得到抚慰一样。有时，在社交场合感到紧张时，女士避开人群去抹抹唇膏，扑扑粉，这一动作有安抚的作用。在私密的时候，反复梳理头发远远超越了"打理头发"的需要，具有明显的镇静功能，起到了爱人爱抚的作用。

在一些情况下，与同伴的身体接触是间接的，要通过某种中介，比如我们举杯相碰就不是直接的肌肤接触。典型的例子是维多利亚时代的全家福老照片。这种老照片最突出的特点是母亲坐前排正中，最年幼的孩子坐在母亲的膝上；本来，丈夫自然会把手搭在她肩头上，但公开场合不便，所以他把手搭在她端坐的椅背上。当代的照片却是另一番景象，两位朋友并排坐时，其中一人的手总是放在他们坐的沙发背沿上，手臂对着朋友那个方向。与此相似，如果一个人坐在单人沙发上，他就可能把手放在扶手上，与对面坐的朋友亲切交谈。偶尔，通过摇动摇椅获得额外的舒适。这是肯尼迪总统紧张时最喜欢的一个动作。毋庸赘言，摇椅直接使人想起在摇篮里和妈妈怀抱里的婴儿期。

最后，我们讲一讲直接和性亲密行为相关的替代物。在最轻微的级别上，心上人的照片或者那些我们想要与之做爱的人的照片，在真人不在场的情况下，可以亲吻和抚摸。真人大小的"明星抱枕"是这种替代物的新趋势。印有明星照的枕头已经上市，顾客可以挑选自己喜欢的明星，以增加卧床的温馨感。然后，你就可以和喜爱的明星脸贴脸地亲热共枕，在棉布替代品的拥抱中沉入梦乡了。

至于性交本身，有人说，第二次世界大战时的敌军士兵（总是敌军士兵）的装备里有充气的橡胶女体，上面有完备的七窍和阴道，士兵可以借此泄欲。这到底是纯粹的宣传伎俩，显示敌军性饥渴、处境难，还是真有其事，我难以断定。

与此相比，无生命的阳具替代物却历史悠久，且真有实据。这类假阳具的名字五花八门，不过一般称为 dildo，《圣经》之前业已存在，可见于古巴比伦雕塑中，距基督纪元还有数百年。在古希腊语里阳具称为 olisbos，意思是"滑腻的公牛"。这种阳具在土耳其苏丹的后宫里特别流行。以后，假阳具扩散到世界各地，流行的程度则不断上升，18 世纪达到高潮，在伦敦市场上公开出售，这一景象到 20 世纪后半叶再次出现。据说，假阳具设计精心，工艺高超，"以提高性幻想的真实感"。在 20 世纪 70 年代，一些西方国家的"性用品商店"里有几种型号出售。不仅有男性出于好奇去购买，女同性恋者也用它来互相刺激，孤独的女性用它来自慰。

近来出现了两种机械驱动的假阳具。一种技术性很强，为美国一家研究机构专门设计，用于研究人类的性交。它由无线电物理学家设计，以塑料制造，配有光学玻璃，由冷光照明，可在阴道内摄像，自慰者可调节阳具振动的速度和插入的深度。无论用什么标准来衡量，这都是不同凡响的工具，是既敏锐又不知疲倦的性伙伴，是一切性用品的替代品。另一种是不承担研究使命、造价低很多的机械用品，就是所谓的"振荡器"或"振荡按摩器"。其器形小巧，表层光滑，电池驱动，塑料材质，又瘦又长，末端为圆头，初始设计的功能是局部肌肉按摩，不久即获得了更具性刺激的新功能，被用作女性自慰的轻微振荡器。由于可以被当作一般的按摩器购买，它就有额外的好处：顾客不会感到尴尬。相反，一望而知的性用品则会使人犹豫，即使是直言不讳的地下出版物，也仍然会加以伪装。一则典型的广告是这样写的："个人按摩器——深入、刺激的按摩器。在振动中消除令你失望的痛苦。长 7 英寸，粗 1.5 英寸。送标准电池。"羞涩的调子和地下报纸的其余文字格格不入，那些谈性的文字露骨放肆、百无禁忌。我们再次在这里看到那条规则：成人的亲密行为需要伪装，无论是对自己还是对他人以掩盖正在发生的真相。

最奇特、机巧的性用品是一些日本女人使用的双球型按摩器。这是两个中空的圆球，鸽蛋大小，置入阴道。它起初由黄铜制成，后改用塑料。一球全空，另一球装少量水银。空心球先置入，推到阴道顶端，紧贴子宫颈，随即置入另一球，阴道口用卫生纸或棉球堵塞。如此，特殊设备便不露一点痕迹了，她也不露一丝羞涩，可以荡秋千，坐摇椅，悄悄尽情享受。两个圆球有节奏地来回运动挤压阴道，仿照阴茎的抽动。这种"性玩具"的最大好处是，女性可以在公开场合私下享受性快感。然而，双球型按摩器不如振荡器普及，因为它缺乏振荡器那貌似非性用品的、"冠冕堂皇"的肌肉按摩器的功能。

顺便提及，完全无性含义的玩具也可以用无生命的物体来使人获得亲密的触觉报偿。可能性很大，但尝试研制的人少，成功的更少。这些设备一般以运动器材的形式出现。蹦床即为一例。主要的报偿是，弹性的表面使人有被拥抱的奇异感觉，它把人弹起来，接着又以新的姿势拥抱人。但玩蹦床获得亲密拥抱有一个外表的伪装，那就是锻炼肌肉的运动氛围，许多人因此望而却步。短命的呼啦圈热是另一个例子。呼啦圈把拥抱臀部和臀部的扭摆结合在一起。然而，其吸引力有限，新奇阶段一过就销声匿迹了。

艺术界曾做过一些尝试，给渴望亲密接触的世人介绍获取亲密感觉的产品，但收效甚微。1942年，纽约现代艺术馆率先展出一种新型的雕塑作品"微型手"。这些木制品小巧、抛光、抽象，握在手里挤压、旋转时很舒服，所获触觉因作品的形体而异。这位艺术家说，它们是用手把玩的，不是用来看的；又说它们是香烟、口香糖的最佳替代品，还可以排遣开会时的心烦意乱。

再近一些，到20世纪60年代，一些艺术家尝试通过创作所谓的"环境雕塑"，借以对艺术爱好者的身体进行更具野心的刺激。这些作品有许多形式，其中有一些包含了一种游戏空间。游戏者穿越管子、隧道和走道，触摸不同墙面上各种手感和质地的饰品。这种作品也不幸夭折，大好机会就这样白白浪费了。

最后一例是艺术界这类尝试的集大成者。一位艺术家设计了一个模拟性交的舱体。"艺术爱好者"进入舱室，联上各种导线；舱门关上，机器随即启动，其设计理念是尽可能提供大量的感知体验。设计者在一家艺术研究所讲演，阐述其理念，听众入迷。他解释说，由于技术困难，他设计了一个大大的简化舱室，坚信能生奇效。这台简化的机器基本上就是一块直立的橡皮板或类似的材料，上有一洞对应男人阳具的部位，阳具可以插入；对女性艺术爱好者，板材上有一根突起的阳具。设计师用严肃的语气解释说，除了简化的优点外，这个设备还可以男女两性同时用，两人分别站在这块性爱板的两边。

这个故事很荒唐，使我们想起本章许多例子里固有的荒唐。为了重温妈妈的乳房和奶瓶的愉悦，成人用拙劣的替代品，不惜在肺部裹一层致癌物，实在是荒唐。男性不停地咀嚼口香糖——一种无形的安抚奶嘴，或者女性用塑料按摩器代替活生生的男性阴茎，岂不是都很荒谬？尽管这些行为荒唐、可怜，甚至令人恶心，但对许多人而言，那似乎是唯一的解决办法。有一点我们必须牢记，任何亲密行为，无论它多么脱离真实的亲密行为，仍然是聊胜于无的，总比只有可怕的孤独好。换句话说，我们要停止抨击表面的征兆，更加仔细地考察问题的根源。如果我们和"亲密者"加强亲密关系，那么我们对亲密关系替代品的需求就越少。相比而言，与一切亲密关系替代品的接触总比毫无亲密接触好。

第八章

自我亲密行为

一位妇女站在月台上，即将登车时她突然一阵惊恐。丈夫问她是否关了厨房门，她突然意识到她没有关。她该怎么办？在出声之前，她张大嘴，一只手举起来捂脸。开口说话以后，她的手还是捂着脸。过了一阵，那只手才放下来，下一个行为链随即开始。我们不追踪这个行为链，相反，让我们集中看那只手，因为手是通向身体亲密行为一个新世界的线索，这个新世界就是自我亲密行为。

　　在那恐怖的一瞬间，那位妇女立即拥抱自己，给自己安慰，她用手去捂脸。无意之间，紧张的情绪驱使她去触摸自己、安慰自己；其他情况下，那是爱人安慰她的亲密行为，或者是她小时候受伤害时父母安抚她的动作。在这里，替代爱人或父母安抚的是她自己的手。以手捂脸的动作自动发出，不假思索，毫不犹豫。做这个动作时，她的面颊还是自己的面颊，然而在象征意义上，她的手已经成为另一个人的手，即爱人或母亲的手。

　　这类自我亲密行为我们难以识别，但它们和以上各章介绍的亲密行为从根本上说是一样的。表面上，它们是"一个人"的行为，实际上，它们是无意识模仿两个人的行为，身体的某一部分成了想象中的亲友安慰我们的亲密行为。换言之，它们是假性的人际交往动作。

　　在这个方面，这类动作是第五种亲密行为源头，也是本书要讲的最后一种身体亲密行为。五种亲密行为可以概括如下：（1）我们紧张和/或压抑时，我们亲爱的人可能会拥抱我们或拉一拉我们的手，给我们安慰；（2）亲人不在场时，触摸我们的可能是提供专业服务的人，比如医生，他可能会拍拍我们的手臂，叫我们别担心；（3）如果身边只有宠物狗或宠物猫，我们可能会把宠物揽入怀中，用脸去贴那毛茸茸的身体，在温暖的皮毛中寻求安慰；（4）如果我们独自一人，深夜被令人毛骨悚然的响声惊醒，我们可能会抓住被单裹在身上，在那温柔的拥抱中寻求安全感；（5）如果上述条件都不具备，我们还有最后一招，那就是自己的身体；我们可以用各种办法拥抱、搂抱、紧抓和触摸自己、安慰自己，以消除自己的恐惧。

如果你花点时间观察，看看人们的行为举止，很快就会发现，自我触摸司空见惯，比你最初的想象更加常见。不过，如果你认为一切自我触摸行为都是人际亲密行为的替代动作，那就错了。比如，在腿上挠痒就不是别人给自己挠痒的替代动作，那只是为了挠痒，自有其意义，没有任何隐蔽的亲密因素。由此可见，不夸大自我亲密行为至关重要。为了准确理解亲密行为的意义，最好是先提出一个基本问题：我们如何并为何触摸自己的身体？

带着这个问题，我分析了数以千计的人类自我触摸行为的例子。首先发现的是这样一个事实：头部是接受亲密接触的最重要的部位，手是最重要的给予亲密接触的器官。虽然头部占人体的比例很小，但它接受的亲密接触大约占总量的一半。

辨识头部所受的亲密接触，我们可以把这类动作分为650种。具体步骤是，记录所用的手的部位，观察接触如何完成，看看头部的什么部位受到触摸。结果很快显示，头部的亲密动作分为四大类。虽然前三类本身有趣，但和我们这里的研究没有直接关系，所以我们点到即止。然而，这三类也很重要，不能不列，且有必要单列，使之与真正的自我亲密行为区别开来。兹将这四类头部动作分述如下。

（1）**保护动作**。举手护头，以减少对感觉器官的刺激。想要少听时，手就捂住耳朵；想要少闻时，手就捂住鼻子；如果光线太强，手就遮住眼睛；如果完全不能忍受强光，就完全蒙住眼睛。同理，为了减少讯息输出，手可以举起来遮住嘴巴，以掩饰一部分面部表情。

（2）**清理动作**。手举起来到头部去挠、揉、剔、擦或做类似的动作。梳理头发的动作也属于这个范畴。其中一些动作真是为了清理，但许多是"紧张的"动作，因情绪紧张而引起，类似于动物行为学（ethology）所谓的移置活动（displacement activity）。

（3）**特殊信号**。手举起来到头部去完成象征性动作。手背触下巴、手心向下的动作表示"我吃饱了"，象征"食物"已经到了食道口。少年嘲笑人时，用"大拇指摸鼻子"，其余手指展开呈扇形。这一动作起源于象征斗鸡的鸡冠，成了发出威胁的手势，所以它又叫作"斗鸡冠"。在一些国家，另一个象征性的侮辱动作是两只手放在太阳穴上做成两只犄角，大拇指顶太阳穴，食指抬起，略微弯曲。一个常见的自辱动作是食指对着太阳穴，状如想象的手枪，呈射击状。

（4）**自我亲密动作**。举手至头部模拟人际亲密行为。令人惊奇的是，竟有4/5的手对头的动作属于这个自我亲密动作。看来，我们摸头的主要原因是无意之间模仿他人触摸我们的动作，借以得到慰藉。

最常见的自我亲密动作是用手托住头，手肘支撑，前臂承受头部重量。当然可以说，这一动作显示颈部肌肉疲劳；但如果仔细观察就可以显示，疲劳不能解释大多数手撑头的情况。

在这个动作里，那只手的功能不仅是自身的功能。手得到手肘的支撑，其力量更大，支撑更坚实，它似乎在替代"想象中伴侣"的肩头或胸脯。在妈妈或恋人的怀抱里，我们常常把脸贴在他们身上，用面颊去感觉他们的温馨。我们手托面颊时就可以重温那样的感觉，使自己感到舒服和亲密。再者，因为这个动作的源头比较模糊，我们可以在公开场合做这个动作，不会被认为是幼稚的。吮吸拇指模仿婴儿期吮吸妈妈乳头的动作也使人舒服，但那伪装能一眼看穿，所以我们总是避免这个动作。

另一个常见的动作是举手托住头部，比如那位月台上的妇女在震惊时以手掩面的动作。此时，因为头部没有支撑，所以它不会做出倚靠的动作；看来，这一动作和用手捧住面部或头发摩挲的关系更加紧密，恋人相拥时，用手摩挲面部或头发的动作被用来给拥抱加温。在这里，手的功能是伴侣象征性的手，而不是伴侣象征性的胸腹或肩头。

嘴这个部位很受人注意。在这里，最常见的动作是用手指或拇指而不是用五指去抚摸嘴唇。手指或拇指抚摸嘴唇时，其功能就是替代母亲的乳房和乳头。吮吸拇指的动作很罕见，已如上述，但稍加修饰、不那么显著的吮吸拇指的动作却比较常见。最简单的修正动作是拇指尖放在嘴唇上，既不放进嘴，也不吮吸，但亲密接触给人抚慰的功能已在其中。食指尖端、侧面和背部也常用来触摸嘴唇，且时间较长。这个动作也有安抚作用，使人朦胧中下意识地回想起婴儿期的吸奶动作。

手指抚摸嘴唇还有一个更加精致的形式。有时，食指或拇指轻轻地、缓缓地在嘴唇上摩挲，再现婴儿嘴唇在妈妈乳房上摩挲的情景。特别焦虑时，咬指关节或指甲的动作出现了。遭遇挫折时，这个动作变本加厉，很容易造成损伤，以至于失去整个指甲，指尖光秃秃，周围皮肤猩红溃烂。

在手对头的各种接触中，最常见的动作按频率排序如下：（1）手托腮帮子，（2）手托下巴，（3）手撩拨头发，（4）手捂面颊，（5）手指触摸嘴唇，（6）手触太阳穴。男女两性都做这些动作，但两种动作有强烈的性别差异。女人撩拨头发的动作是男人的3倍；男人手触太阳穴的动作是女人的2倍。

离开头部沿着身体往下看，我们很快就发现其他形式的自我亲密行为。我们都熟悉新闻电影记录地震或矿难创伤的画面。一位悲痛欲绝的妇女的动作就不仅是以手捂面了；在那样的情况下，以手捂面不足以平息她快要崩溃的情绪。她的动作更大，会紧紧抱着自己的身子，猛烈摇晃，悲痛欲绝。她坐在倒塌的家园前，或几近绝望地坐在矿井口。如果不是和另一位矿难者的亲人拥抱，她就会拥抱自己，来回摇晃，仿佛回到婴儿期惊吓时母亲抱着她摇晃一样。

这是极端情况，但我们大家每天都在用一个类似的自我亲密动作，双臂交叉抱在胸前；情况不紧张，动作也不紧张。双手抱胸前反应的情绪比较平稳，痛苦时紧紧抱着自己的强度较大。这个抱手的动作也是自我亲密行为，能起到一定的安慰作用；这是我们略处守势时的典型动作。比如，我们在派对或其他社交场合与不太熟悉的人交谈时，如果有个人走得太近，"近得使人不舒服"，我们就手臂交叉放胸前，以恢复舒服的感觉。一般地说，我们几乎意识不到这个动作，也不会意识到，这个动作和周围人的动作有何关系，但其运作方式使之成为无意识的社交信号。比如，如果一个人堵在门口不让人进，他就可以手臂交叉抱胸前，表示"闲人免进"。对他而言，这个动作有安抚作用，但对他人而言，这个动作肯定有威慑作用。其信号是，他以自我拥抱的方式把人拒之门外，他在这个动作中找到了自足的力量。

另一个我们大家每天都用的自我亲密行为是"和自己拉手"。一只手行使自我的功能，另一只手拉着它，其功能是想象中的同伴安抚的手。这种动作有几种姿势，比如，我们想要和同伴紧拉着手时，我们就和他十指相扣，使两人的互动紧密而复杂。与此相似，没有朋友在场时，我们就可以用自己的两只手十指相扣，借以再现那样的情景。在紧张时刻，我们用力十指相扣，以至于不知不觉间手指都发白了。

再往下，其他部位也有肢体受压的现象，这可见于我们双腿交叉的坐姿中。这个动作也有安抚和镇静的作用，使我们回想起父母抱我们、我们双腿盘在父母身上的情景。

在维多利亚时代，女性在公共场所或社交场合是不准盘腿的，正式的礼仪严格禁止这么做。至于男性，限制并不那么严格，双腿可以交叉，但抱膝头或脚却是不行的。今天，限制不复存在，随机调查叉腿的动作大致是这样一个比例——女性占53％、男性占47％，可见自19世纪以来，男女两性的礼仪差别不复存在。然而，两性叉腿的形式还是有两点差异。脚踝盘在另一条腿的膝头或大腿上的动作几乎总是男子的动作，原因大概是，这个动作使女性的胯间暴露过多。有趣的是，即使在穿裤子的时候，女性也避免这个动作，显然她心里想到的仍然是穿裙子时要注意的动作。第二点差异和叉腿时脚的位置有关系。如果上面的脚压在另一条腿的小腿上，那一定是女性的动作。（例外是踝关节与踝关节的接触，两个踝关节必然是交叉的，这个动作没有性别差异。）

另一个与腿接触的亲密行为是双臂抱腿。最大幅度的抱腿是两腿上举，胸部向下，直到腿和胸部接触。双手抱膝头或小腿时，压力加大。此外，头部低垂，贴近膝盖和下巴，或者以面颊贴在膝头上。在这种情况下，双腿被用作想象中伴侣的身子，膝头就成了对方的胸脯或肩头了。在绝大多数情况下，这个动作仅限于女性，随机调查显示，做这一亲密动作的人95％是女性，男性只占5％。

另一个典型的女性动作是用手抱住大腿，调查结果显示，用这个动作的人91％是女性，9％是男性。这里似乎有一丝色情的要素，女性那只手仿佛成了男性在性亲热时抚摸她大腿的手，抚摸大腿的动作是男性求爱的动作，而不是女性求爱的动作。

以上自我亲密行为的概述几乎总是手与手臂的动作，有时涉及腿；在这里，手和腿是积极动作的器官，是它们接触身体的其他部位，但这条规律有例外。有时，头部偏向一侧并靠在肩头上，面颊、下颚或下巴贴在上面；这也是典型的女性动作。在这里，肩头被当作想象中伴侣的象征性胸脯或肩头了。另一个例子是舌头舔嘴唇或其他部位的自我亲密行为，有些女性甚至能舔自己的乳头。

除了上述诸多自我亲密行为之外，还有一个重要方面需要介绍，那就是自我的色情刺激，一般称之为手淫（masturbation）。这个词似乎是manu-stupare（以手行淫）的讹误。这说明，一般的自我性刺激是用手玩弄生殖器。男性手淫是手握阴茎有节奏地滑动。于是，那只手就同时扮演两个象征性角色。手握阴茎上下滑动模拟他自己的臀部抽动，同时那卷成圆形的手又成为假性阴道。手指有节奏的动作替代了他抽动臀部时挤压阴蒂的动作。至于女性，手淫的动作是抚摸大阴唇，或把手指伸进阴道有节奏地抽送；此时，她的手指就替代了男性的阴茎。另一种技巧是摩擦大腿，两腿交替收紧和放松，有节奏地挤压生殖器。

20 世纪中叶的研究显示，手淫是极其常见的自我亲密动作，大多数人在一生中的某个时候都有这种自我亲密行为。手淫无害，替代性交，其功能仅限于此；然而，不同时代对手淫的态度却大相径庭。在所谓"原始部落"里，手淫是普遍的习惯，却又时常受到讥笑，被认为是性交失败者的象征。

　　在过去的几百年里，我们的文化中有一种完全与之相反且不那么健康的观点，人们非常固执地压制手淫，并尽量根绝手淫。在 18 世纪，手淫被宣判为"邪恶的自渎"；到 19 世纪，手淫成了"令人恐怖的自渎，摧残身体的罪恶"；维多利亚时代禁止年轻女子清洗生殖器，以免经常清洗的轻微刺激"诱发肮脏思想"。"邪恶"的法国坐浴盆不允许跨越海峡进入英国。20 世纪初，对手淫的恐惧有所降低，仅仅被认为是"坏习惯"了。但宗教权威仍然担心它可能会给手淫者性欲的报偿。不过，他们还手下留情，允许实施"为医学目的的射精，只要不引起性的快感就可以允许"。到 20 世纪中叶，世人的态度发生了戏剧性的变化，直到最后有人宣告，手淫"是任何年龄的人正常而健康的行为"。在过去的二十年里，这种新的态度继续攻城略地，直到 1971 年，一家令人尊敬的妇女杂志提出忠告："手淫……是健康、正常而健全的行为……借此，你训练身体，使之成为做爱的超级工具。尽情手淫吧！"

　　今天的少年在没有性交机会的情况下，可以搞这种自我性亲密行为，实在是幸运。昨天的成人非但没有手淫的自由，而且常常因此而受到严惩。在过去的两百年间，有各种各样严酷的限制，有些真令人难以置信。有时，男性手淫受到的惩罚是在包皮穿孔并套上一个银环。另一种惩罚是在他的包皮上套一个皮环，皮环里有刺，阴茎勃起时，就会被刺伤。有时，"矫治"的手段是把红汞药膏涂在阴茎上，使之水肿起疱。偶尔，少男少女睡觉时，双手捆起来套在床柱上，防止他们夜间"自己玩耍"，甚至被迫穿上现代版的"贞操带"。少女可能被迫忍受烧灼或割去大阴唇的痛苦，至于男性，有些医学权威建议割去包皮，认为这有助于根除他们自渎的"劣行"。

所幸的是，除了割包皮外，这些痛苦的伤残术并没有成为流传至今的积习。悠久的割包皮欲望终于被控制住了。记住这一习俗的同时，暂时离开这一话题考察一种现象倒是值得的：为什么奇异的包皮环切术竟然保留下来，并没有受到世人态度普遍改变的影响。今天，防手淫不再是借口，婴儿包皮环切术的理由倒是"宗教、医学或卫生"了。这一手术的比例各国不同，英国的手术不到一半，美国的手术约有85％。

包皮环切术的医学理由是：杜绝某些（极其罕见的）病患危险。然而，除非未割包皮的成人不翻起包皮清洗龟头，这类罕见疾病是不会发生的。医学权威认为，如果经常清洗龟头，未割包皮的男性的病患危险超过割了包皮的男性。既然绝大多数包皮环切术不是出于宗教理由，既然医学理由不值得考虑，今天仍然对成千上万的婴儿实施包皮环切术的现象就成了一个难解之谜。最近，一位美国大夫称之为"对阴茎的强奸"。看来，这一习俗似乎是远古文化的遗风。自古代起，这就是大多数非洲部落的积习；古埃及人接受了这一习俗，根据祭司—医师的谆谆教诲，自尊的男性都不能保留包皮。由于保留包皮被贴上了社会污点的标签，犹太人就借用了埃及人的习俗并赋予其更大的宗教强制性。成为社会宗教"法规"以后，手术最初的意义反而被遗忘，今天就难以考证了。即使在非洲部落的成人礼中保留下来，一般也认为，它仅是一种"习俗"。不过，现代的研究成果对包皮环切术做了一些解释。一种解释是，包皮被认为有女性特征，大概是说，它裹住龟头，有点像大阴唇裹住阴道口一样。同理，女人的阴蒂被认为是男人的器官，所以男人和女人性成熟时做手术，这可以除掉他们身上令人讨厌的异性特征。另一种解释是，割包皮是象征性的蛇的蜕皮，而世人普遍认为，蜕皮是蛇长生不老的原因，因为刚蜕皮的蛇看上去光鲜闪亮。这个象征性等式直截了当：蛇＝阴茎；蛇皮＝包皮。

这两种解释和其他许多解释被提出来了，但整体上看，它们都不足以解释这种伤害人体的现象。几乎在世界各地，在数以百计不同的文化中，这种手术的具体形式大有区别，并非总是割包皮或割阴蒂。在有些情况下，割去的不只包皮或阴蒂，手术可能是切口而不是割除。在有些部落里，大阴唇和阴蒂都被割除；在另一些部落里，男婴下半身的皮肤包括小腹、骨盆、胯间和大腿内侧的皮肤都被割掉，还有的阴茎被劈成两瓣。唯一共同的特征似乎是：这一切生殖器伤残手术都是由成人完成的。

这种成人侵犯儿童的古老习俗居然以包皮环切术的形式保留至今，这一现象值得现代医学仔细研究。19世纪反手淫的高潮过后，少女已经不再遭受这样的性残害，原因大概是女人和男人不同，割除阴唇阴蒂既没有合理的卫生借口，又大大损害女性的性反应力。近年的测试证明，割包皮以后，阴茎的灵敏度几乎或根本没有受损，被古代巫医的现代后继者动过手术的男人的性能力并不会减弱。当然，这些现代测试证明，过去反手淫、割包皮的借口是彻头彻尾的谬论。无论是否割去包皮，成年男性都可以在自慰中得到性满足。

总之可以说，包皮环切术至今仍然普遍，但其他一切生殖器伤残术都被"文明"社群抛弃了。原因何在呢？因为包皮环切术是唯一不损害性活动的手术，同时，它又得到普遍受人尊敬的合理的医学解释。

再回头讲手淫。在20世纪后半叶新发现的自慰自由以后，只剩下一个问题：手淫是否还有些危险尚待发现？如果大家都按照那篇通俗杂志的建议去"尽情手淫"，性观念的摆锤是否摇到了另一个极端呢？显然，我们要大张旗鼓地宣传，过去认为手淫引起无穷痛苦和病患的观念是彻头彻尾的谬论，必须要大加挞伐，彻底抛弃；这个宣传任务已经完成。然而，在横扫那些荒谬的旧观念时，我们是否在相反的方向走得太远呢？毕竟，手淫是二流形式的亲密行为，和上文介绍的其他替代性社会活动的亲密程度无异。模拟伙伴的亲密行为不如真实的两人身体的亲密行为，这一规律既适用于任何形式的自我亲密行为，也适用于手淫。没有更好的亲热对象时，反对这些替代性活动的言论就站不住脚了。然而，假定近期内能找到更好的替代手段，会不会产生固化在替代手段上的积习呢？这样的积习会不会妨碍人过渡到真正的亲密行为呢？这样的危险是否存在呢？

根据上文那家通俗妇女杂志关于手淫的建议，每一位女性都应该进行手淫，并形成她自己的手淫风格，而且每周要"训练"几个小时，以便使她的性反应模式趋于稳定。那家杂志还告诉她，如此这般训练以后，她在做爱时就能指引男人以最佳的姿势给她最大限度的性高潮。至少，这一忠告是诚实的：女性寻找到自偿的模式并使之稳定，只等性伴侣按照她的要求伺候她了。杂志推荐这种训练方法的目的是使女性的身体成为"做爱的超级工具"。对于孤寂或受挫的女子来说，这种训练方法能提供相当程度的性报偿，也许是很好的；然而，如果将其作为改善性爱的途径，其忠告就有不足之处了。它罔顾这一事实：人类的性交不只是男女互相提供性服务。如果用固化的报偿—需求模式去寻求强烈而交互的身体亲密行为，那就是本末倒置。如果把男性给她的性爱当作她手淫的替代方式，而不是把手淫作为性交的替代方式，那样的交合并不比手淫强。同理，如果男性固化于某种手淫方式，那就是把性伙伴的阴道当作他自己手的替代品，而不是把手当作阴道的替代物了。如果用这种态度去对待性交，那就是把性伙伴降格为一种小小的性刺激设备，而不是完完全全、亲亲热热、爱意绵绵的人了。由此可见，那种强调先进手淫技巧重要性的忠告太过分了，也许，"新自由主义"要我们相信的说教并不是那么纯洁吧。

然而，说过这一番话以后，我们还得强调，我们的警告不能被当作走回头路的借口，我们不能回到昔日禁止自我亲密行为的、使人愧疚的诸多限制。即使摆锤有一点极端，我们还是比老一辈幸运，我们应该感谢 20 世纪性教育的改革者，没有他们的努力，就没有我们今天的幸运。很可能，自我亲密行为的积习一般不会产生严重后果。如果两情相悦，深深的爱情很可能令恋人的性爱十分完美，以前孤独时的自慰模式会一扫而光，两人的性爱互动会日益增进。即使爱情不那么强烈，即使性爱的互动并不那么圆满，他们至少可以交换心得，享受各自固化的色情刺激。和维多利亚时代的禁欲相比，这也不知好了多少倍。在那个时代，已婚夫妇也不得不草草了事，尽快"搞完那肮脏事"，然后倒头睡觉。

第九章

回归亲密行为

我们一降生就与母亲亲密接触，形成了亲密的关系。稍长，我们步入世界去探索，而不是回到母亲怀抱去寻求庇护和安全感。最后，我们斩断脐带，自立于成人世界。不久，我们开始谋求新的纽带，并回归一种亲密关系，与恋人缔结亲密纽带，结婚安家。我们重新获得一个安稳的基地，借以继续我们的探索。

　　在整个过程的任何阶段，如果我们享受不到亲密关系，我们就难以应对生活的压力。于是，我们就寻找替代亲密关系的办法来解决问题。我们热衷于社交活动，以弥补身体接触的匮乏，还可以用宠物来替代朋友的亲密接触。如果没有亲密朋友，我们可以用无生命的物体来扮演替代的角色，我们甚至走向极端，与自己的身体亲密接触，抚摸自己，拥抱自己，仿佛我们一个人成了两个人。

　　当然，这些替代真实亲密关系的变通办法可以是亲密接触基础上令人愉快的锦上添花，然而遗憾的是，它们成了许多人不可或缺的替代手段。解决办法看来是明显的。如果一位成人强烈需要亲密接触，他就必须放宽防范的心态，如此，他就能比较容易地接受他人友好的态度，对"多独处、保持距离、不与他人身体接触、不要袒露心声、不要感情外露"等清规戒律置之不理。遗憾的是，几种有力的因素堵塞了这一简单的解决办法。最重要的因素是，人们生活其间的社会规模太大，过分拥挤，使他感觉不自然。周围全是陌生人和几乎不认识的人，而且都是难以信赖的。陌生人太多，他只能和其中很少一部分人缔结情感纽带，至于其他人，他必须要将亲密接触控制到最低限度。因为在日常事务中，陌生人和他的空间距离太近，他的自我控制就到了不自然的程度。如果他善于自制，他的一切亲密接触都可能过分抑制，即使和亲人的接触都可能如此。

在这种身体隔膜、抑制亲密行为的状态下，现代都市人面对的危险就可能是"成为不称职的父母"。如果他们把这种抑制身体接触的习惯用到年幼子女的身上，他们就可能造成不可逆转的损害，使孩子以后不能形成强大的依恋纽带。如果他们能找到一些冠冕堂皇的理论来为自己不称职的父母行为辩护，那当然可以舒缓内心的愧疚。遗憾的是，这样的支持偶尔真能找到，就真的会对家人的亲密关系造成损害。

这种忠告有一个极端的例子，值得特别予以评述。在 20 世纪初，以杰出的美国心理学家华生①命名的华生育儿理论受到许多人的追捧。为了充分体会他对父母忠告的原汁原味，有必要大段引述他的文字。以下是他的一些主要观点。

> 母亲们不知道，当她们亲吻、抱起、摇晃、抚摸、在膝头上抖动孩子时，他们养育的孩子在后来的生活中会全然不知所措……有一种养育孩子的理性方式，那就是把他们当作年轻的成人……不要拥抱他们，也不要亲吻他们，绝不要让他们坐在你的膝头上。如果你不得不亲吻他们，那就在他们道晚安时在他们的额头上轻轻地吻一下，点到即止……在和孩子的交往中，难道母亲不能训练自己，学会用一句慈爱的话、用微笑来代替亲吻、拥

---

① 约翰·华生（Watson），美国心理学家，行为主义鼻祖，认为心理学是研究人类行为的科学，著有《行为：比较心理学异论》《行为主义心理学》等。——译者

抱、搂抱和抚摸吗？……如果你没有保姆帮忙，又不能离开孩子，那就大部分时间把孩子放在院子里。在院子周围筑起篱笆，确保他们不会受到伤害。孩子一降生就这样做……如果你不忍心，一定要看着他们，那你就在院子门上凿一个孔，你能看见孩子，而孩子看不见你；也可以用一个潜望镜……最后的注意事项是，你要学会不用柔情蜜意的口吻对他们说话。

这段文字描绘的原理是把幼儿当年轻的成人，言下之意十分明显：典型的华生式成人从来不亲吻或拥抱，总是用他那"瞭望孔"互相打量。当然，这正是我们对周围的陌生人迫不得已的态度；然而，看见他一本正经地兜售自己的育儿经，将其作为亲子关系的正确程序，至少我们不得不说，这令人瞠目结舌。

华生的育儿经建立在行为主义观点之上。再以他的一段话为例。他说，人身上"没有本能。我们在婴幼期培养的一切习惯后来都会出现……人的内在本能里没有任何需要发展的东西"。顺理成章的结论是，如果要培养纪律严明的成人，那就必须要培养严守规矩的婴幼儿。如果延误了这一过程，就可能养成"恶习"，到后来就难以根除了。

这一态度建立在完全错误的前提下，说的是婴幼期和童年时代行为的自然发展。今天，我们偶尔还会看到这样的说教，否则，它就只能是稀奇古怪的历史趣闻了。正因为这一说教迟迟不肯退场，所以它需要我们仔细考察。它之所以能长期流传，主要原因是它有自我复制、代代传承的性质。如果父母对待婴儿的方式不自然，婴儿就觉得不安全。他渴望父母亲热的要求反复受挫，受到惩罚；他的哭闹无人理睬；他不得不适应、学习，他别无选择；他顺从，在受挫中长大。唯有一个潜隐的障碍，这个孩子终生再难以信赖任何人。由于他施爱和渴望被爱的欲望在幼年时就被堵塞了，所以他施爱的机制受到永久的伤害。由于他和父母的关系就像商业交易，他后来与人打交道的方式就走类似的老路。虽然他感觉到他还能施爱，而且他那基本的生物学欲望还在内心涌动，但他并不能因此就动于中而形于外了，连机器人那种冷冰冰的外显行为他也体会不到。他像一条萎缩的肢体，不能截除，疼痛不止。如果他根据传统的常规结婚生子，他的孩子很可能就会受到他小时候那样的遭遇，因为他的孩子不可能享受真正的父母之爱。这一判断在猴子试验中得到验证。如果猴子幼崽得不到母爱，她长大后也不会爱幼崽了。

对许多父母而言，华生育儿法看起来吸引人，实际上太极端。于是，他们就采用一种比较软化的、修正的版本。他们一会儿对婴儿严厉，一会儿又急忙让步。在有些方面，他们用僵硬的惩戒；在另一些方面，他们又予以娇惯。他们任由孩子在小床里哭闹，但其他时候给孩子许多贵重的玩具，哄孩子。他们很早就训练孩子上厕所大小便，但经常亲吻和搂抱孩子。结果当然使孩子不知所措，成了所谓"惯坏的孩子"。根本的错误在于，他们不是把"娇惯"归咎于孩子的不知所措或过早的大小便训练，而是归咎于"心肠软"的育儿法。他们自认为，如果坚持严厉的育儿法，不经常让步，那就会万事大吉；于是，日益长大的孩子不会使他们尴尬，也不会提出很多要求，因为父母经常告诉他们"守规矩"，加强对他们的训诫。结果，无论是在幼儿期或稍大以后，孩子不是发脾气就是造反。

在父母"温和"的时候，这样的孩子看见了爱心之门，但那扇门总是突然关上，把他堵在门外。他知道如何爱，但从未得到足够的爱；稍大以后，他就用反叛来反复与父母较量，希望借此证明，无论他做什么都会得到父母的爱；还希望证明，父母爱的是他，而不是爱他的"守规矩"。但父母作出错误应对的现象，总是太司空见惯了。

孩子得到父母正确的应对时，父母就原谅孩子不久前发脾气时的表现，但即使得到原谅，孩子还是不相信，今后会事事如意。婴幼期的印记太深刻，间隙性的惩戒留在孩子的心上，没有留下爱。于是，孩子就反复"考验"父母，而且越走越远，他很想证明，父母毕竟是爱他的。面对孩子大闹天宫的局面，父母陷入了困境，或者被迫予以严厉的惩戒，这就证实了孩子最可怕的梦魇。或者，父母被迫一次又一次让步，不得不宽容孩子日益反社会的行为。他们朦朦胧胧地感到愧疚："我们错在哪里？我们怎么会错？我们给了你一切。"

首先，如果婴儿被当作婴儿，而不是被当作"年轻的成人"，这一切错误都是可以避免的。在出生后的几年里，婴儿要得到全身心的爱，不能打折扣。孩子并不想"占上风"，他只想得到你最大的爱。如果妈妈没受到压制，她自己童年时又没有被"惯坏"，她自然而然的欲望就是给孩子全身心的爱。当然，主张惩戒的人反复告诫年轻的妈妈不要让步，不要退却，借用华生喜爱的语言，那是"弱点"，那是在"牵动她们心弦"的拔河中退却。由于现代生活方式，妈妈的确感到压抑，给孩子全身心的爱对她而言并不容易。但即使感到压抑，如果没有不自然的华生式育儿法强加于她，她也能接近于育儿的理性目标，养育受到百般呵护的、快乐的婴儿的目标也不是不可能达到的。

这样看来的婴儿绝不是"惯坏"的孩子，在成长过程中，他会日益成熟，日益独立，而爱心依旧；在研究周围令人激动的世界时，他不会畏首畏尾。出生几个月的经验给他安全感，这是他后来用于探索的安稳的基础和保证。在这里，我们又在猴子的试验中得到验证。受到猴妈妈爱心呵护的幼崽大胆去游戏，去探索周围的世界。如果猴妈妈缺乏爱心，她的幼崽就会羞怯而紧张。这个结论和华生的预测相反，他认为，婴儿期"过多"的母爱和亲密行为会养成后来柔弱、依附的性格。这是站不住脚的，孩子三岁时已经能够看出来。此时，两岁前受到精心呵护的婴儿已经开始展示才能，他大胆探索，乐此不疲，精力充沛。他摔倒扑在地上时不太可能哭。如果孩子得到的呵护少，受到的惩戒多，即使在婴幼期他也不敢冒险，也较少好奇心，也可能畏缩，不太可能尝试依靠自己的活动。

换句话说，一旦在前两年中形成了与父母全身心热爱的关系，婴儿就能顺利进入下一个发展阶段。然而，在稍后的成长阶段，孩子大胆探索世界时，的确需要父母的管束。婴儿阶段的管束是错误的，但童年时代的管束却是正确的。华生讨厌父母对较大孩子的溺爱和保护，这有一定的道理。但具有讽刺意味的是，这样的溺爱恐怕正是一种反弹，根子在婴儿期用华生育儿法造成了损害。如果婴儿期得到呵护，稍大的孩子不太可能造成父母的溺爱。

如果在婴儿期与父母形成全身心的依恋纽带，成年后就容易和伴侣缔结强有力的性纽带，这是他新的"安全基地"。从这里出发，他继续探索，过积极、外向的社交生活。毋庸讳言，在配偶关系形成之前，他或她已经做过大量的性探索。这是因为，一切探索都受到重视，性探索也不例外。如果婴幼期和童年期是自然地走过的，青年期的性探索很快就形成配偶关系，强烈的感情纽带就会快速增长，就会回归广泛的身体亲密接触，自然就回归到婴儿期那种典型的爱意绵绵的亲热了。

如果年轻人结婚安家、享受到无抑制的亲密行为，他们就能够更好地面对严酷、冷漠的外部世界。有了牢固的情感纽带，他们就不会因为亲密行为的匮乏而感到饥渴，而且能适应各种社会交往，在需要情感自制的社交中，他们就不会提出不妥当的、情感饥渴的要求了。

家庭生活有一个不可忽视的方面，那就是对隐私的渴求。为了充分享受家人的亲密关系，个人的隐私空间是必不可少的。如果家里过分拥挤，那就容易形成暴力关系，其他关系就难以形成了。身体相撞不等于表达爱的拥抱。强加的身体接触成了真正的反亲密接触，所以，我们需要开阔的空间，以便给身体接触赋予更多的意义。密集建筑的设计忽略了这一事实，难免造成紧张情绪。身体亲密行为不可能持久，就像在家庭之外的都市里冷漠的拥挤环境不可能持久一样。

人对身体亲密接触的需求是断续、间隙的，只需偶尔表现出来。如果家里太拥挤，那就把爱的触摸变成了令人窒息的拥挤。这个道理似乎一望而知，但难以理解的是，近来年设计师却不注意给住宅内部留下私密的空间。

在描绘"亲密接触的年轻人"时，我可能会给人留下这样的印象：只要他们家里有足够的私密空间，只要他们婴儿期曾受到精心的呵护，只要他们缔结了强烈的情感纽带，一切就会万事大吉。遗憾的是，情况并不是这样的。拥挤的现代世界仍然可能侵犯他们的关系，妨碍他们的亲热。两种强大的社会态度可能会对他们的亲密行为造成负面的影响。第一种是用"幼稚"一词表达的侮辱。大量的亲密行为被批评为倒退、柔弱或幼稚，这容易使爱意绵绵的年轻人缩手缩脚。

有人说，如果太亲热，那就会威胁到独立的精神；归纳起来就是"最坚强的人是自立的人"之类的说法。这种言论造成了负面的冲击。毋庸讳言，没有证据表明，纵情于婴儿似的亲密行为的成人必然会发现自己的独立性受损。如果真有什么影响，那倒是相反的表现。温情脉脉的亲密行为有安抚和镇静的作用，结果，个人能在感情上更加自如，能够在比较疏远和冷漠的时刻去面对生活。亲密行为不会使人变柔弱，反而会使人坚强；同理，亲密行为使受呵护的孩子变得坚强，使他们乐意探索。

第二种妨碍亲密行为的社会态度是：身体接触含有性的兴趣。这曾经是妨碍亲密行为的主要原因，是个不必要的错误。父母和孩子的亲密行为没有任何性含义。父母之爱和婴儿之爱不是性爱，两个男人、两个女人之间的关系也未必是性爱。爱就是爱，是情感纽带，至于其中是否掺杂了性，那倒是次要的问题。近代以来，我们太强调亲密关系里性的成分。虽然存在强大的、首先是非性的关系，但只要有一点点小小的性的情感，就会有人抓住而无限放大。结果，没有性含义的身体接触就被堵死了。这种态度甚至被扩大到亲子关系中（警惕，恋父恋母情结！）、兄弟姐妹中（警惕，乱伦！）、同性朋友中（警惕，同性恋！）、异性朋友中（警惕，通奸！）、一般朋友中（警惕，乱交！）。这一切顾虑可以理解，但毫无必要。这一态度说明，在真正的性关系里，这种人没有充分享受到性爱的身体接触。如果我们与配偶的性爱有充分的深度和广度，那就不会去染指其他类型的亲密关系，我们就能够充分享受我们目前不敢为之的其他亲密关系。倘若我们与配偶的性爱关系受到抑制和挫折，那当然就是另一回事了。

现代生活中无性含义的身体接触普遍受限，这导致了一些滑稽的反常现象。比如，最近美国人的研究显示，在某些情况下，有些女人竟不由自主地率性而为，那仅仅是为了求得男人的拥抱。在被仔细询问时，她们承认，这是她们有时投入男人怀抱的唯一目的，因为其他方式不能满足她们亲密拥抱的欲望。这不是亲密的身体接触导致的性交，而是性交以求身体的亲密接触，这种完全颠倒的现象无疑说明，性爱和身体接触这两者是分离的。

以上几点就是现代成人亲密行为遭遇的困难。为了完成我们的考察，还有一个问题是，当代社会态度的变化有何迹象。

在婴儿层次上，由于儿童心理学家的辛苦工作，育儿研究的新方法大大改进了。我们对亲子依恋关系的性质知之更多，对父母之爱在培养孩子健全人格中的重要作用也有了更好的理解。昔日僵硬、无情的训诫正在退潮。然而，在拥挤程度日益严重的都市里，"受虐婴儿综合征"的丑陋现象仍然挥之不去，提醒我们注意，我们依然任重而道远。

在儿童的层次上，教育方法正在逐步改进，需要社会教育和技术教育的意识更加敏锐。然而，技术教育的需要前所未有，所以我们仍然面对这样的危险：学校培养的儿童更善于理解事实和数据，而不是善于和人打交道。

至于年轻人，所幸的是，社会交往的问题似乎自行解决了。在复杂的人际交往中，出现了一股开放和坦诚的新风，过去是否有这样的历史时期，那是值得怀疑的。对年轻人言行举止持批评态度的，多半是老一辈，很大程度上，那是伪装之下的嫉妒。然而，新发现的自由表达、性坦诚、无压抑的亲密行为，究竟能在多大程度上经受时间的汰洗，能否适应即将来临的为人父母的生活，我们还得拭目以待。

至于年纪较长的成人中，有一种关切在日益加重：在日益膨胀的都市社群里，已经定型的个人生活如何维持。由于公共压力越来越侵害个人的私密生活，人们禁不住要拷问现代人的生活境遇，警钟长鸣，日益高亢。在人与人的关系中，常常可以听到"异化"一词；这是因为，白天在市井和办公室的社会斗争中，我们不得不身披厚重的情感盔甲；到了晚上的私密生活中，我们都难以卸掉这种伪装。

在北美，反叛这种局面的新的呼声出现了。一场新的运动正在展开，它雄辩地证明了一种迫切的需要。在现代社会里，有关身体接触和亲密行为的观念需要修改。这一运动一般叫作"会心小组疗法"，兴起于十年前，起源于加利福尼亚州，迅速传播到美国和加拿大的许多地方。俗称"身体感觉训练"（bod biz）的俚语系仿拟"娱乐业"（show business）。其他的正式名称有：超个人心理学、多重心理治疗、社交能动疗法。

这些活动有一个共同的因素：一群成人聚集在一起交流，培训时间在一天到一周之间，进行各种个人的和小组的互动。一些活动是语言交流，但许多是非语言交流，重点是身体接触，主要形式有仪式性触摸、互相按摩和游戏。目的是要破除文明人言行举止一本正经的表象，提醒参加者注意，他们"不是拥有人体，他们就是人体"。

这些培训课的基本特征是，拘谨的成人在鼓励之下回归童真，像儿童一样做游戏。这种先锋的科学氛围特许他们像婴儿一样游戏，使其不觉得难堪，不怕讥笑。他们互相揉搓、抚摸或拍打身子，互相抱着走，在身上涂油；玩小孩子的游戏，宽衣解带，赤裸相视，有时真的一丝不挂，但一般是比喻意义上的裸露。

这种刻意回归童真的举措明快地表达在以下引文中，一个四天的培训计划名为"回归你的童真"：

> 适应陈规的美国人在重重叠叠的羞怯和讥笑中埋葬了自己的童心，他们的"成熟"令人生疑。重温童真能丰富你的经验，男人会更阳刚，女人会更温柔。重温你和妈妈在一起的美好时光吧，它给你启示，使你更能施爱、做爱和寻爱。回归婴幼儿那种无助的状态，反而能释放强大的驱力，重温童子的眼泪反而会开拓表达情感和欢乐的新渠道；这一切看起来矛盾，但的确是事实。

类似的培训课还有："游戏重新焕发活力""感知的再觉醒：重生"。它们也强调回归婴幼儿期和父母的亲密关系。有些培训课还让学员浸泡"子宫水池"，水温维持和子宫一样的温度。

这类培训课的组织者将其统称为："正常人疗法"，受训的访客不是病人，而是正常的小组成员。之所以参加培训，那是因为他们亟须找到回归婴儿态的途径。现代文明中的成人竟然需要得到正式的特许才能够互相触摸身体，想到这一窘境，不禁令人遗憾之至。不过，令人宽慰的是，至少他们意识到，生活中有出错的地方，并且积极地想办法予以矫治。参加过培训的人成了回头客，因为他们发现，在那些仪式性的身体接触中，他们紧绷的情绪舒缓了。他们感觉到放松了，和家人交往时温暖的感觉也与日俱增。

这是一场新的珍贵的社会运动，抑或是过眼烟云的短命时尚，抑或是危险的、无毒品的新"毒瘾"？这样的培训中心如雨后春笋，每月开张者数以千计，但专家却意见不一，见仁见智。有些心理学家和精神病学家有力地支持"会心小组"之类的现象，另一些专家持反对意见。一种意见认为，"会心小组""并没有得到改善——参加者只不过服用了保守疗法的一粒'亲密药丸'"。如果此论不错，这些培训课至少能帮助一些学员渡过社交中的一道难关。它使参与者在跳舞中得到亲密的感觉，就像感冒病人卧床得到安慰一样。即使仅有这样的效果，那也不错。那只不过是在蓄势待发的弓弦上加了一把劲，给寻求"触摸特许"的人提供情景。然而，其他的批评却更严厉。其中之一是："有时，号称培养这种亲密感觉的技巧反而毁掉了亲密的感觉。"无疑，一位神学家感觉到这是一种新形式的严重挑战，所以他说，"会心小组"成员学到的"只不过是冷漠的新方式，一袋新包装的花招，敌视态度的新方式，仅仅是表面上友善而已"。

更严厉的批评认为，"会心小组"实际上造成了严重的危害，但这种批评尚待验证。然而，这种所谓的"速成亲密"对回到老环境的参与者的确是有风险的。他回家时已经完全或部分"重新唤起"，他已然改变，而他的伴侣并没有改变；危险在于，他不太宽容两人的差异。实质上，这是一个竞争关系的问题。如果他参加了"会心小组"的培训，他就接受了全然陌生者的按摩和抚摸，与他们玩亲密接触的游戏，享受了各种各样的身体接触；于是，他和陌生人的亲密接触超过了他与"亲密家人"的亲密接触。（如果不是这样，他首先就没有必要去接受培训。）回家后，他必然要兴高采烈地详细描述他的体会，如果是这样，他必然会引起亲人的嫉妒。为什么他准备在"会心小组"和陌生人那样亲密，和家人却比较疏远、连碰也不碰呢？答案当然是，在培训中心特定的氛围里，他得到正式的、科学的特许。但这个理由并不能安抚"真实生活"里的亲人。当夫妇两人都参加这种培训时，两人之间的问题会大大减少，但"回家后的情况"依然需要他们小心谨慎地予以处理。

还有人批评说，"会心小组"最令人倒胃口的一个方面是，它们把日常生活中潜意识的东西变成显意识的、高度组织化的、专业追求的东西；其危险是使亲密行为本身成为目的而不是手段，本来它应该是在直觉上帮助我们面对外部世界的手段。

尽管有这么多担心和批评，鄙视这个颇为有趣的新潮还是不对的。实质上，这个新潮的领导人看到了日益严重的破坏性趋势，看到了人际关系越来越冷漠，于是他们尽力扭转这个过程。即使用经常发生的互反错误率来看，它们使时尚的摆锤摇晃到了相反的极端，那也算是一个小错误。如果这个运动普及并发展成为常识，那么，即使对不热心参与的人而言，它的存在也可以经常提醒人注意，我们在使用和不使用自己的身体时出错了。即使它只不过使我们意识到这一错误，它也发挥了应有的作用。在这里我们又看到，将"正常人疗法"和心理分析比较会恰到好处。在一般公众里，只有一小部分人直接接受过心理分析，但心理分析的基本理念已经以健康的方式普及，渗透到我们的文化里。这个理念是：我们最深层、最难解的思想既不羞耻，也不反常。在一定程度上，心理分析有助于培养今天年轻人更健康的心态，使他们在人际关系上更加诚实和坦率。如果"会心小组"运动能以同样间接的方式释放我们受抑制的情感，使我们能享受到更多的身体亲密接触，那么从终极的观点看，它就能做出宝贵的社会贡献。

人是一种社会动物，能施爱，同时很需要得到爱。人是在进化过程中形成的质朴的部落猎人，他发现自己身处令人困惑的人口膨胀的世界。在重重包围中，他以防守的姿态转向自身。在情感退避中，他甚至把最亲的亲人拒之"门"外，直到在密集的人群中感到形单影只。由于无法得到外界的情感支持，他变得紧张不安，甚至最终会脾气暴躁。失去了安抚，他转向默默无言的替代物去寻求爱。但爱是施爱和受爱的双向过程，所以替代物终究不足以给他安抚。在这样的情况下，如果人找不到真正的亲密关系，连一个人的亲密关系也找不到，他就会很痛苦。他可能被迫披上盔甲，防止攻击和背叛，最终达到一切身体接触都令他作呕的极端，于是，触摸或被触摸都意味着痛苦。在某种意义上，这已经成为当代最严重的病患，我们要采取紧急措施治疗这一现代社会的大病，否则就太晚了。这一病患就像食物里的有毒化学物质，如果不顾危险，听之任之，它就会代代相传，越来越重，直到造成无可挽回的损失。

在一定程度上，我们了不起的适应能力反而对社会起到瓦解的作用。我们能够在令人恐惧的非自然环境中生存，而不是对其叫停，也不是回归更加健全的体制；我们仅限于自我调整，在苦苦挣扎中苟安。在拥挤的都市里，我们以这种方式苦斗，离充满爱心的亲密关系越来越远，直到深深的裂痕显露无遗。于是，我们就吮吸那虚拟的拇指，高谈阔论各种复杂玄妙的力量，借以说服自己，万事无恙；我们就无动于衷，坐等鸿沟消弭。对有文化的成年人付钱到科研机构里去玩幼稚的游戏，去相互触摸，我们抱讥笑的态度，我们没有看见那些危险的迹象。温柔的施爱和受爱并不是虚弱的表现，并不仅仅是婴儿和年轻人的专利；如果我们认识到这一点，如果我们能释放我们的情感，偶尔陶醉于回归亲密感觉的神奇境界，生活不就容易得多、舒适得多了吗？

各章文献

在《亲密行为》的撰写过程中，我参阅了许多著作，深受其惠，难以全部列举。本书所列者或在某一点上提供了重要的讯息，或值得进一步参阅。重要的文献在此按章节和专题的形式列出。读者可以从作者名、书名和出版日期到"主要参考文献"中去查找。"主要参考文献"还收录了一些不见于"各章文献"的著作，其涵盖领域较宽，对本书的总体研究课题有参考价值。

然而，关于亲密接触的论述多半建立在我个人的观察之上。至于具体的论述，比如某一行为在女性身上的表现约为男性的 3 倍，则是以去年随机抽样的 10 000 个样本为基础。以此为基础的人类接触行为的详细报告正在准备之中。

1 THE ROOTS OF INTIMACY

Foetal behaviour：Munn，1965；Tanner and Taylor，1966.
Behaviour at birth：Prechtl，1965；Smith，1968.
Rocking：Ambrose, in Bowlby, 1969；Bowlby, 1969；Morris, 1967.
Heartbeat：Morris, 1967；Salk, 1966.
Swaddling：Smith, 1968；Spock, 1946.
Discipline：Watson, 1928.

Crying and smiling: Ambrose, 1960; Bowlby, 1969.
Transitional objects: Spock, 1963; Vosper, 1969.
Adolescence: Cohen, 1964; Freud, 1946.

2 INVITATIONS TO SEXUAL INTIMACY

Crotch: Morris, 1967.
Codpiece: Broby-Johansen, 1968; Fryer, 1963; Rabelais, 1653.
Human self-mimicry: Morris, 1967; Morris and Morris, 1966a; Wickler, 1967.
Prehistoric buttocks: Ucko, 1968.
Bustle: Broby-Johansen, 1968; Laver, 1963.
Breast variations: Ford and Beach, 1952; Levy, 1962.
Depilation: Gould and Pyle, 1896.
Chin: Hershkovitz, 1970.
Blush: Darwin, 1873.
Belladonna: Wedeck, 1962.
Pupil dilation: Coss, 1965; Hess, 1965.
Hair in Egypt: Murray, 1949.
Dancing: Bloch, 1958; Fryer, 1963; Licht, 1932.

3 SEXUAL INTIMACY

General: Kinsey *et al.*, 1948, 1953; Masters and Johnson, 1966; Morris, 1967, 1969.
Oral-genital contacts: Legman, 1969.
Sexual prudery: Fryer, 1963.
Primate copulation: Carpenter, 1934, 1942; Goodall, 1965; Hall and DeVore, 1965; Morris and Morris, 1966; Reynolds and Reynolds, 1965; Simonds, 1965; Southwick, Beg and Siddiqui, 1965; Yerkes, 1943.
Cross-cultural variations: Ford and Beach, 1952; Rachewiltz, 1964.

4 SOCIAL INTIMACY

General: Morris, in preparation (see above).
Hand-waving nationalities: Brun, 1969.

Men holding hands: Froissart, 1940.
Non-nutritional sucking: Bowlby, 1969; Wolff, 1969.
Bow and curtsy: Wildeblood and Brinson, 1965.
Religious kiss: Beadnell, 1942; Wildeblood and Brinson, 1965.
Handshake: Sorell, 1968; Wildeblood and Brinson, 1965.
Modern, *etiquette*: Lyons, 1967; Page, 1961; Sara, 1963; Vanderbilt, 1952.

5 SPECIALIZED INTIMACY

Microbes on man: Rosebury, 1969.
Physical illness: Morris, 1971 (in press).
Mental illness: Szasz, 1961.
Hairdressers: Williams, 1957.
Dancing: Bloch, 1958; Brend, 1936; Fryer, 1963; Lewinsohn, 1958; Licht, 1932.
Midwives: Forbes, 1966; Fryer, 1963.
Groupie girls: Fabian and Byrne, 1969.

6 SUBSTITUTES FOR INTIMACY

Man/animal relationships: Morris, 1967, 1969; Morris and Morris, 1965, 1966a, 1966b.
Petishism: Szasz, 1969.
Animal experiments: Heim, 1971; Matthews, 1964; Russell and Burch, 1959.

7 OBJECT INTIMACY

Dummies and pacifiers: Bowlby, 1969; Spock, 1946.
Hand sculpture: Miller, 1942.
Dildoes: Bauer, 1926; Dearborn, 1961; Henriques, 1963; Masters and Johnson, 1966.
Copulation machine: Lacey, 1967.

8 SELF-INTIMACY

General self-contacts: Morris, in preparation (see above).
Female leg-crossing: Birdwhistell, 1970.
Masturbation: Comfort, 1967; Dearborn, 1961; 'J', 1970; Kinsey *et al.*, 1948, 1953; Lewinsohn, 1958; Malinowski, 1929; Masters and Johnson, 1966; Morris, 1969.
Circumcision: Comfort, 1967; Lewinsohn, 1958; Mollon, 1965; Morris and Morris, 1965; Rachewiltz, 1964; Smith, 1968; Spock, 1946; West, 1966.

9 RETURN TO INTIMACY

Child discipline: Watson, 1928.
Monkey rearing: Harlow, 1958.
Overcrowding: Morris, 1969; Russell and Russell, 1968.
Sex as comfort: Hollender *et al.*, 1969; Hollender, 1970.
Encounter-group therapy: Gunther, 1969; Howard, 1970.

主要参考文献

Ainsworth, M. D., 'Patterns of infantile attachment to the mother', *Merrill-palmer Quart*. 10 (1964), pp. 51 - 58.

Ambrose, J. A., 'The smiling response in early human infancy' (Ph. D. thesis, London University, 1960).

Argyle, M., *Social Interaction* (Methuen, London, 1969).

Bauer, B. A., *Woman* (Cape, London, 1926).

Beadnell, C. M., *The Origin of the Kiss* (Watts, London, 1942).

Birdwhistell, R. L., *Kinesics and Context* (University of Pennsylvania Press, Philadelphia, 1970).

Bloch, I., *Sexual Life in England Past and Present* (Arco, London, 1958).

Bowlby, J., *Attachment and Loss* (Hogarth Press, London, 1969).

Brend, W. A., *Sacrifice to Attis* (Heinemann, London, 1936).

Broby-Johansen, R., *Body and Clothes* (Faber, London, 1968).

Brun, T., *The International Dictionary of Sign Language* (Wolfe, London, 1969).

Carpenter, C. R., 'A field study of the behaviour and social relations of Howling Monkeys', *Comp. Psychol. Monogr*. 10 (1934), pp. 1 - 168.

Carpenter, C. R., 'Sexual behaviour of free ranging Rhesus Monkeys', *J. Comp. Psychol*. 33 (1942), pp. 113 - 162.

Cohen, Y. A., *The Transition from Childhood to Adolescence* (Aldine, New York, 1964).

Comfort, A., *The Anxiety Makers* (Nelson, London, 1967).

Coss, R. G., *Mood Provoking Visual Stimuli* (University of California, 1965).

Crawley, E., *Dress, Drink and Drums* (Methuen, London, 1931).

Darwin, C., *The Expression of the Emotions in Man and Animals* (Murray, London, 1873).

Dearborn, L. W., 'Autoerotism', in *The Encyclopedia of Sexual Behaviour* (Hawthorn, New York, 1961).

Fabian, J. and Byren, J., *Croupie* (New English Library, London, 1969).

Fast, J., *Body Language* (Evans, New York, 1970).

Forbes, T. R., *The Midwife and the Witch* (Yale University Press, New Haven, 1966).

Ford, C. S. and Beach, F. A., *Patterns of Sexual Behaviour* (Eyre & Spottiswoode, London, 1952).

Frank, L. K., 'Tactile Communication', in Carpenter and McLuhan (eds), *Explorations in Communication* (Cape, London, 1970), pp. 4 - 11.

Freud, A., *The Ego and Mechanisms of Defense* (International Universities Press, New York, 1946).

Froissart, J., *The Chronicles of England, France and Spain* (Everyman Library, London, 1940).

Fryer, P., *Mrs Grundy* (Dobson, London, 1963).

Goodall, J., 'Chimpanzees of the Gombe Stream Reserve', in DeVore (ed.), *Primate Behaviour* (Holt, Rinehart and Winston, New York, 1965).

Gould, G. M. and Pyle, W. L., *Anomalies and Curiosities of Medicine* (Saunders, Philadelphia, 1896).

Gunther, B., *Sense Relaxation* (Macdonald, London, 1969).

Hall, K. R. L., 'Baboon social behaviour', in DeVore (ed.), *Primate Behaviour* (Holt, Rinehart and Winston, New York, 1965), pp. 53 - 110.

Hass, H., *The Human Animal* (Putnam, New York, 1970).

Harlow, H. F., 'The nature of love', *Amer. Psychol.* 13 (1958), pp. 673 - 685.

Heim, A., *Intelligence and Personality* (Pelican, London, 1971).

Henriques, F., *Prostitution in Europe and the New World* (MacGibbon & Kee, London, 1963).

Hershkovitz, P., 'The decorative chin', *Bull. Field Mus. Nat. Hist.* 41 (1970), pp. 6 - 10.

Hess, E. H., 'Attitude and pupil size', *Sci. Amer.* 212 (1965), pp. 46 - 54.

Holiender, M. H., 'The need or wish to be held', *Arch. Gen. Psychiat.* 22 (1970), pp. 445 - 453.

Holiender, M. H., Luborsky, L. and Scaramelia, T. J., 'Body contact and sexual excitement', *Arch. Gen. Psychiat.* 20 (1969), pp. 188 - 191.

Howard, J., *Please Touch* (McGraw-Hill, New York, 1970).

'J'., *The Sensuous Woman* (Lyle Stuart, New York, 1970).

Jourard, S. M., 'An exploratory study of body accessibility', *Brit, J. Soc. Clin. Psychol.* 5 (1966), pp. 221 – 231.

Kinsey, A. C., Pomeroy, W. B. and Martin, C. E., *Sexual Behaviour in the Human Male* (Saunders, Philadelphia, 1948).

Kinsey, A. C., Pomeroy, W. B., Martin, C. E. and Gebhard, P. H., *Sexual Behaviour in the Human Female* (Saunders, Philadelphia, 1953).

Lacey, B., 'An evening with Bruce Lacey' (Lecture-demonstration at the Institute of Contemporary Arts, London, 1967).

Laver, J., *Costume* (Cassell, London, 1963).

Laver, J., *Modesty in Dress* (Heinemann, London, 1969).

Legman, G., *Rationale of the Dirty Joke* (Cape, London, 1969).

Levy, M., *The Moons of Paradise* (Barker, London, 1962).

Lewinsohn, R., *A History of Sexual Customs* (Longmans, Green, London, 1958).

Licht, H., *Sexual Life in Ancient Greece* (Routledge & Kegan Paul, London, 1932).

Lowen, A., *Physical Dynamics of Character Structure* (Grune & Stratton, New York, 1958).

Lyons, P., *Today's Etiquette* (Bancroft, London, 1967).

Malinowski, B., *The Sexual Life of Savages* (Routledge & Kegan Paul, London, 1929).

Masters, W. H. and Johnson, V. E., *Human Sexual Response* (Churchill, London, 1966).

Matthews, L. H., 'Animals Relationships', *Med. Sci. and Law* (1964), pp. 4 – 14.

Miller, D. C., (ed.) *Americans 1942* (Museum of Modern Art, New York, 1942).

Mollon, R., *The Nursery Book* (Pan, London, 1965).

Morris, D., *The Naked Ape* (Cape, London, 1967).

Morris, D., *The Human Zoo* (Cape, London, 1969).

Morris, D., 'The Biology of Illness' (1971, in press).

Morris, R. and Morris, D., *Men and Snakes* (Hutchinson, London, 1965).

Morris, R. and Morris, D., *Men and Apes* (Hutchinson, London, 1966a).

Morris, R. and Morris, D., *Men and Pandas* (Hutchinson, London, 1966b).

Munn, N. L., *The Evolution and Growth of Human Behaviour* (Mifflin,

Boston, 1965).

Murray, M. A., *The Splendour that was Egypt* (Sidgwick & Jackson, Lodon, 1949).

Page, A., *Etiquette for Gentlemen* (Ward, Lock, London, 1961).

Prechtl, H. F. R., 'Problems of behavioral studies in the newborn infant', in Lehrman, Hinde and Shaw (eds), *Advances in the Study of Behaviour* (Academic Press, New York, 1965).

Rabelais, F., *The Works of Mr Francis Rabelais* (Navarre Society, London, 1931).

Rachewiltz, B. De., *Black Eros* (Allen & Unwin, London, 1964).

Reynolds, V. and Reynolds, F., 'Chimpanzees of the Budongo Forest', in DeVore (ed.), *Primate Behavior* (Holt, Rinehart and Winston, New York, 1965).

Rosebury, T., *Life on Man* (Secker & Warburg, London, 1969).

Russell, C. and Russell, W. M. S., *Violence, Monkeys and Man* (Macmillan, London, 1968).

Russell, W. M. S. and Burch, R. L., *The Principles of Humane Experimental Technique* (Methuen, London, 1959).

Salk, L., 'Thoughts on the concept of imprinting and its place in early human development', *Canda. Psychiat. Assoc. Jour.* 11 (1966), pp. S296 – S305.

Sara, D., *Good Manners and Hospitality* (Collier, New York, 1963).

Simon, W. and Gagnon, J. H., 'Pornography — Raging menace or paper tiger?', in Gagnon and Simon (eds), *The Sexual Scene* (Aldine, New York, 1970).

Simonds, P. E., 'The bonnet macaque in South India', in DeVore (ed.), *Primate Behaviour* (Holt, Rinehart and Winston, New York, 1965), pp. 175 – 196.

Smith, A., *The Body* (Allen & Unwin, London, 1968).

Sorell, W., *The Story of the Human Hand* (Weidenfeld & Nicolson, London, 1968).

Southwick, C. H., Beg, M. A. and Siddiqi, M. R., 'Rhesus monkeys in North India', in DeVore (ed.) *Primate Behaviour* (Holt, Rinehart and Winston, New York, 1965), pp. 111 – 174.

Spock, B., *Boby and Child Care* (Giant Cardinal, New York, 1946).

Spock, B., 'The striving for autonomy and regressive object relationships', *Psychoan. Study Child* 18 (1963), pp. 361 – 364.

Szasz, K., *Petishism* (Holt, Rinehart and Winston, New York, 1969).

Szasz, T. S., *The Myth of Mentall Illness* (Hoeber-Harper, New York, 1961).

Tanner, J. M. and Taylor, G. R., *Growth* (Time-Life, New York, 1966).

Tomkins, S. S., *Affect, Imagery, Consciousness* (Springer, New York, 1962 – 1963).

Ucko, P. J., *Anthropomorphic Figurines* (Szmidla, London, 1968).

Vanderbilt, A., *Complete Book of Etiquette* (Doubleday, New York, 1952).

Vosper, J., *Baby Book* (Ebury, London, 1969).

Watson, J. B., *Psychological Care of Infant and Child* (Norton, New York, 1928).

Wedeck, H. E., *Dictionary of Aphrodisiacs* (Peter Owen, London, 1962).

West, J., *Parent's Baby Book* (Parrish, London, 1966).

Wickler, W., 'Socio-sexual signals and their intra-specific imitation among primates', in Morris (ed.), *Primate Ethology* (Weidenfeld & Nicolson, London, 1967), pp. 68 – 147.

Wildeblood, J. and Brinson, P., *The Polite World* (Oxford University Press, London, 1965).

Williams. N., *Powder and Paint* (Longmans, Green, London, 1957).

Wolff, C., *A Psychology of Gesture* (Methuen, London, 1945).

Wolff, P. H., 'The natural history of crying and other vocalizations in early infancy', in Foss (ed.), *Determinants of Infant Behaviour*, vol. 4 (Methuen, London, 1969).

Yerkes, R. M., *Chimpanzees. A Laboratory Colony* (Yale University Press, New Haven, 1943).

译后记

"裸猿三部曲"中译本,从复旦到上海译文

2009年3月,复旦大学出版社的张永宏先生委托我翻译德斯蒙德·莫利斯的"裸猿三部曲"。彼时,《裸猿》已有6个中译本(大陆5本,台湾1本)。久负盛名的复旦选中我的译本,深以为幸。

次年3月,这套精装精印的三部曲面世,定价较高,却洛阳纸贵,且引起评论界的超常关注。4月,北京的《科学时报》、深圳的《晶报》、西安的《华商报》约我访谈,整版报导。7月14日,《南方周末》又刊发我的文章《"裸猿三部曲"的警世基调》,自此,复旦版中译本"裸猿三部曲"传遍媒体和书界。

2019年底,上海译文出版社的刘宇婷小姐来电来信报告喜讯,准备再版我这个三部曲中译本,令人喜之不禁。何况《裸猿》还是50周年纪念版!

近日检索,发现豆瓣网的"裸猿三部曲"评分为8.6,很高。2020年3月3日上午11时,上中国知网以"参考文献"+"裸猿"进行检索,得15 878条结果。一路畅销的复旦版《裸猿》发行数万册,仍势头不减,令人瞩目,值得再版。

细察《亲密行为》第一版译文,又对照原文校订,细读慢校,力

求完美，凡是可以顺一顺的文字都予以订正。重要修订是：对应原文的 message，译文里的"信息"一律改为"讯息"。

何道宽
于深圳大学文化产业研究院
深圳大学传媒与文化发展研究中心
2020 年 4 月 10 日

《裸猿》在中国的传播和影响

为节省篇幅，我们决定浓缩第一、二版序跋，加上对《裸猿》在中国传播的背景进行整理，特就我个人阅读、观察、翻译和传播《裸猿》及其作者德斯蒙德·莫利斯的体会，草就这篇短文。

我对德斯蒙德·莫利斯及其作品的理解有一个过程，要言之：结识 40 年，认知有加深。

1980 年 8 月，我有幸成为新时期首批留洋学者之一。受四川省高教局的派遣，我以交换学者身份在美国戈申学院（Goshen College）研修一年。刚到不久，在逛旧书店淘书时，一眼相中 *The Naked Ape*，爱不释手。这本另类的人类学畅销书非常惊人：封面上赫然一个裸体男人，封底文字惊世骇俗，迥异于我在国内接触的费孝通等人类学家和社会学家的作品。他竟然把人类当作动物来研究！同行的朋友怀疑其价值，我对此则坚信不疑。

1985 年，四川人民出版社推出大型"走向未来丛书"，激起滔天巨浪。以此为先导，神州大地掀起新学新知的狂潮。我翻译的《裸猿》第一版（天津百花文艺出版社，1987）就是其中一朵小小的浪花。

1990 年代中期，一位好事者兴办"新语丝"网站，把我这个《裸猿》译本放在网上，供人免费阅读下载。彼时，诸如此类的侵权行为，难以究责，无可奈何。于我而言，这却如塞翁失马，意外促成了何译本《裸猿》的传播。

在接下来的十余年里，一共出了 7 个《裸猿》中译本（大陆 6 本，台湾 1 本）。2010 年，复旦大学出版社购得"裸猿三部曲"（《裸猿》《人类动物园》和《亲密行为》）版权，希望由我操刀翻译。2019 年，上海译文出版社有意再版我这个"裸猿三部曲"译本，2020 年推出。这两套译本的问世已然并将继续推进生物人类学的发展。

为什么要引进莫利斯的《裸猿》？其价值何在？我在 1987 年版《裸猿》的译者序里做了简要的回答。这些论断依然有效，摘录在此，以飨读者：

"（1）作为权威的动物学家和生物人类学家，作者占有最新颖、最权威的素材。

"（2）清新、朴实的文字明白如话，精当、幽默的比喻引人入胜，强烈、鲜明的对比入木三分，使作品具有很强的可读性。

"（3）作品定名为《裸猿》是别具匠心的。对于这一点，作者在书末有一个很好的说明：对于人类的辉煌成就本来可以大唱赞歌，之所以未唱赞歌，是想给作品一种震撼人心的力量；在攻击性、领地欲、战争威胁、人口爆炸等问题上，仍然暴露出人的生物学属性；在强调文化的生物学基础方面，作者故意说了一些过头的话，故意给人以当头棒喝，故意给人一些失之过简、失之过偏的印象；这一切的目的都是为了冷静、严肃地思考当代（20 世纪 60 年代）人类最紧迫的几个问题：人口爆炸、生态失衡、'核'云压顶。

"（4）社会生物学、生物人类学和文化人类学迄今为止在国内几为空白，亟须予以介绍。关于社会生物学（人类社会行为的生物学基础），已有《新的综合》（收入"走向未来丛书"）引进。关于文化人类学，我们应尽快介绍美国人类学家霍尔（E. T. Hall）的四部曲……关于生物人类学，莫利斯的著作具有极大的权威性和代表性。

"（5）本书在物种水平上研究人类基本行为的生物学基础，《新的综合》在分子水平和基因水平上研究人类行为的生物学基础，两本书构成互补的关系，参照阅读能收到相得益彰之效。

"（6）本书在纵横两根轴上进行博大精深的比较。在横轴上，作者以精湛的知识、广阔的视野、比较动物学的权威，对比了人类行为和动物行为尤其是人类近亲灵长类的行为，追溯其渊源、展示其联系。在纵轴上，作者以高屋建瓴之势，博采和综合从达尔文以来各家的结论和假说，提出独到的人类起源和人类进化的理论，其标新立异、首创精神感人至深，其新颖观点、精湛学识令人瞠目。"

《裸猿》是比较动物学的杰出代表，在绪论末尾，莫利斯写道：

"不考虑人类技术和语言的细节，只集中研究人类生活中与其他物种有明显可比基础的那些方面，诸如摄食、梳理、睡眠、争斗、交配、育儿等活动。面对这些基本的问题，裸猿的反应是什么？他的反应与猴类和猿类的反应有何异同之处？他在哪方面有独特之处？他的奇特之处与他的进化过程有何关系？

"研讨这些问题时，我意识到要冒风险开罪人。有人不愿意认认真真考虑自身的动物属性。也许他们认为，我用赤裸裸的动物语言来探讨这些问题，有损于我们人类的形象。对此，我只能向他们保证，我无意贬低人类。还有人会因为动物学家侵入他们的专业领地而愤愤不平。然而我确信，这种研究方法极有价值；它可能会有这样那样的不足，可是它对于揭示我们这个无与伦比的物种那纷繁复杂的本性，会给人以新的（在有些地方甚至是出乎意料的）启示，使人感到耳目一新。"

果不其然，中国读者的反应出奇得好。

2000 年 3 月，复旦版的"裸猿三部曲"引起评论界的超常关注。4 月，北京的《科学时报》、深圳的《晶报》、西安的《华商报》约我访谈，整版报导。7 月 14 日，《南方周末》又刊发我的文章《"裸猿三部曲"的警世基调》。自此，复旦版中译本"裸猿三部曲"传遍媒体和书界。

2020 年，上海译文版的"裸猿三部曲"在抗疫斗争中问世，必将引起更深刻的反响和反思：这套书描绘人与己、人与人、现代人与裸猿祖先的关系，这与"道法自然"颇多暗合。我们要善待自己、善待他人、善待动物，实现人与人、人与社会、人与动物、人与万物的和谐，实现"人类命运共同体"的愿景。

何道宽

2020 年 3 月 20 日

INTIMATE BEHAVIOUR: A ZOOLOGIST'S CLASSIC STUDY OF HUMAN INTIMACY
by
DESMOND MORRIS
Copyright © Desmond Morris，1971
This edition arranged with Random House UK
through Big Apple Agency，Inc.，Labuan，Malaysia.
Simplified Chinese edition copyright：
2020 SHANGHAI TRANSLATION PUBLISHING HOUSE(STPH)
All rights reserved.

图字：09－2020－385 号

图书在版编目(CIP)数据

亲密行为 /（英）德斯蒙德·莫利斯
(Desmond Morris)著；何道宽译. —上海：上海译文
出版社，2021.3（2025.6 重印）
（译文科学）
书名原文：INTIMATE BEHAVIOUR：A ZOOLOGIST'S
CLASSIC STUDY OF HUMAN INTIMACY
ISBN 978－7－5327－8475－2

Ⅰ.①亲… Ⅱ.①德… ②何… Ⅲ.①社会人类学－
社会行为学 Ⅳ.①C912.68

中国版本图书馆 CIP 数据核字(2021)第 019865 号

亲密行为
［英］德斯蒙德·莫利斯 著 何道宽 译
责任编辑/刘宇婷 装帧设计/柴昊洲 封面插画/Nicki

上海译文出版社有限公司出版、发行
网址：www.yiwen.com.cn
201101 上海市闵行区号景路 159 弄 B 座
上海新华印刷有限公司印刷

开本 890×1240 1/32 印张 7.5 插页 2 字数 143,000
2021 年 4 月第 1 版 2025 年 6 月第 2 次印刷
印数：18,001—19,000 册

ISBN 978－7－5327－8475－2
定价：48.00 元